U0119611

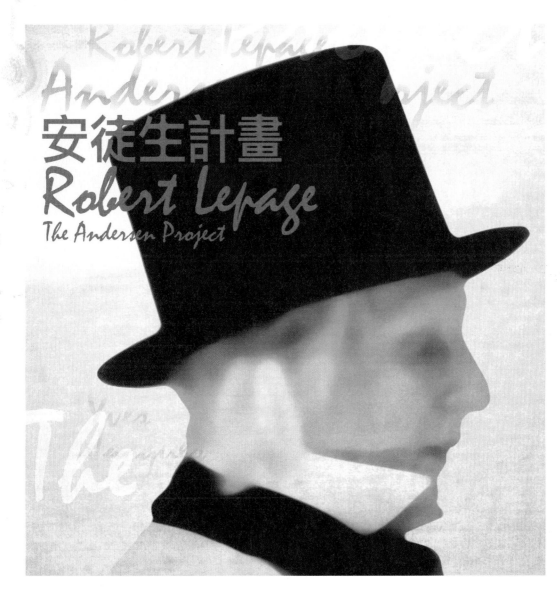

2007年9月勒帕吉率「機器神」劇團至國家戲劇院演出《安徒生計畫》。（國立中正文化中心 提供）

當代視覺劇場大師羅伯·勒帕吉。（Sophie Grenier 攝）

《告解室》為勒帕吉電影的初啼之作，充滿自傳色彩。圖為拍攝現場，中間穿白衣者為勒帕吉。
（Ex Machina 提供）

《循環》是勒帕吉第一部成功的大型演出，也是他第一次將商業手法運用在戲劇上。例如，移轉視角
讓觀眾從上鳥瞰事件的發生。這裡，同一場景連續發生兩次，第一次從正常視角來看。（Ex Machina 提供）

接著視角轉移，天光灑下，如同從月亮的角度觀察這一切的發生。（Ex Machina 提供）

《暴風雨》是勒帕吉的莎士比亞連演最成功的部分,他也導演過本劇許多次,每次均賦予該劇新的風貌。
（Tilde De Tullio-Federico Brandini 攝）

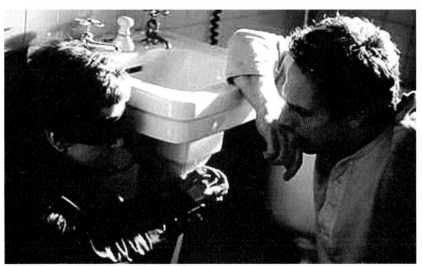

兩圖爲勒帕吉電影《測謊器》。（Véro Boncompag 攝）

電影《偷腦》拍攝現場。（Philippe Bosse 攝）

羅伯・勒帕吉

創作之翼

作者・荷米・夏侯　譯者・林乃文　審稿・耿一偉

Robert Lepage

目次

Paradoxes

End

Appendix

【前言】
在兩廳院遇見大師

兩廳院藝術總監◎楊其文

　　在歷史與文化的洪流中，藝術大師是開創新局、引領風潮、奠定時代性，爲世人與藝術工作者樹立標竿的經典人物。二十年來，兩廳院扮演著對表演藝術推波助瀾的角色。作爲國際交流與生產實踐的平台，引進了無數世界級大師來此展演，亦成功地將國內表演團體推上國際舞台。觀衆不僅可以看到衆多豐富的表演形式，同時拉近了與藝術大師的距離，在兩廳院親炙一場場精采的藝術盛宴。

　　現在我們進一步規劃系列的專書，將大師的創作與生平，以私密而珍藏的方式與讀者面對面！「在兩廳院遇見大師」系列從舞蹈劇場大師碧娜‧鮑許、劇場天才羅伯‧勒帕吉起始，陸續推出諸多大師的藝術生涯與生命實錄。以往只能在教科書上讀到，或在劇場匆匆一瞥的表演藝術大師，這回兩廳院將以更完整與活潑的專書面貌，帶領讀者深入大師的創作思維、作品脈絡、與眞實人生。

　　表演藝術具有瞬間即永恆的特質，「在兩廳院遇見大師」卻是在恆久中攫取當下的驚豔感動。遇見是多麼美好，在藝術菁華的殿堂中，兩廳院願秉持一流品質與普羅之心，讓藝文朋友與大師交會，讓藝術與生活共鳴，讓台灣與世界展翅起飛。

【推薦序】
不斷變幻下的真實
文◎鴻鴻

　　羅伯·勒帕吉（Robert Lapage）的劇場及電影，視覺創意向來是重要的一環。在他開始拍電影之後，影像和現場表演的結合，更成為他劇場作品的一大特色。容我拿他跟羅伯·威爾森（Robert Wilson）作個類比，以便更清楚地凸顯兩種藝術傾向的不同特質。雖然同為多面向的跨界導演，也都不時在自己的作品裡擔綱主演，甚至兩人都做過《哈姆雷特》（Hamlet）的獨角戲，然而兩位羅伯的劇場美學卻南轅北轍。

奠基於寫實的劇場幻術

　　威爾森劇場的魅力在於拒絕寫實。他把外在世界改造成幾何色塊和一條無垠地平線展佈的內在風景，快速時像激烈變換的畫布，緩慢時像一個永遠無法醒來的夢境。相反地，勒帕吉的劇場魔術奠基於寫實，卻又跟傳統寫實主義大相逕庭。他以局部暗示的手法達到不可思議的寫實效果，例如《在月球的彼端》（Far Side of the Moon），景片上的一個圓形玻璃可以瞬間變成魚缸、洗衣機、或月球表面，而將整個舞台空間轉換成起居室、洗衣間、或太空艙。在《安徒生計畫》（The Andersen Project）裡，則出現了貨真價實的一整排電話亭。

　　當這些寫實空間在舞台上以不同角度出現時，更予人不可思議的魔幻感。例如《測謊器》（Polygraph）當中，兩人對話時忽然同時單腳往背牆上一踏，身體順勢成為水平（當然還有一腳在地面支撐），整個空間看來忽然轉了九十度，變成俯瞰角度。荀白克歌劇《期待》（Erwartung）中，勒

帕吉則在舞台上搭起一道斜面，時而當作牆面、時而當作地板。《在月球的彼端》結尾，主角從候機室飄向太空的無重力狀態，事實上是演員在地板上擺動身體，再以立面鏡像反射造成的「現場特效」。這種視覺欺騙的手法在《安徒生計畫》中更發揮得淋漓盡致，主角數度彷彿坐進一張背景圖片中，造成平面圖案與立體人物並置的奇異效果。

從不正面切入的說故事大王

讓寫實空間不斷變換角度的視覺要素，與勒帕吉不斷轉移思考焦點的敘事邏輯，有其形式與主題的暗示契合。和威爾森拒絕敘事的演出策略相反，勒帕吉是個說故事大王，並且一再改變敘事的角度，帶來令人意想不到的新觀點。所有勒帕吉的原創劇作，都有一個層次繁多、情節引人入勝的故事。甚至他最享盛名的作品：《龍之三部曲》（The Dragons' Trilogy）和《太田川的七條支流》（The Seven Streams of the River Ota），都是《一千零一夜》般迂迴兜轉，既橫向廣織、又縱向綿延的多線敘事。故事中的每一場戲，則博採不同的戲劇類型及表現方式。他的風格遊走在悲劇、喜劇、懸疑推理之間，變換自得，其實單場看來都十分通俗劇，但經過剪接、並置、轉折、串連，卻逐漸煥發出心靈深度的光暈。因而看勒帕吉戲劇的經驗從來都是妙趣橫生，令人樂不可支，正由於他喜歡說故事帶來的親和力。「通俗」在他手裡，就像寫實的表象一樣，是勾引觀眾投射自身經驗的手段。但是我們別想輕易全身而退，等在後面的永遠是始料未及的深沈複雜感受。

勒帕吉的表現手法也不拘一格，皮影、偶戲、歌劇、舞蹈、脫口秀、即時轉播等形式，會隨著情節流轉而自然出現，不著痕跡地完成任務。使用這麼多不同形式，一方面是為了遊戲與觀賞的樂趣，另一方面，則和勒帕吉的人生觀有密切牽連。這些手法避免了一成不變的表現慣性，也避免

了停留在「正面切入」的觀點。變換一方面是為了揭露，一方面卻也造成更多閃躲和遮掩。在遮掩中，觀眾有了更多想像、更多投入，卻得以不致卡死在事物的單一面向，而弔詭地，更接近勒帕吉想展現的多層真實。

用小劇場精神在探索宇宙

以《安徒生計畫》為例，主景之一的整排電話亭是一種「溝通」的展示，但卻也遮掩了後方的事物。另一主景是銀幕，透過正向、背向的投影，可以呈現事物，但銀幕本身也成了遮蔽物。透過銀幕，更可以製造「偽現場」，例如當演員在銀幕上噴漆，噴出的字樣卻是用背後投影投出預拍的圖像。銀幕更可以製造「似非而是」的效果，例如《安徒生計畫》開場時，演員背對觀眾致詞，他的正面特寫，卻投影在後面的巨大銀幕上，疊合觀眾席的景觀。我們看著一個人的背面，他卻以更大的形象「面對」我們說話！此一「似非而是」的情境，恰恰從形式上呼應了表演情境：一個假的無法執行的演出，卻帶引出一個真實的演出。

雖然他成立的劇團叫做「機器神」（Ex Machina），以強調製造心靈魔幻的技術向度，但勒帕吉始終堅持採用的只是幻燈、投影、錄影、鏡面等「低階」的技術，因為他的視覺奇蹟，倚重的是創意觀念，而非昂貴技術。也可以說，他是在用小劇場精神在探索宇宙。當然從表演到幕後，這些技術的配合是極為精密的，仰賴一絲不苟的專業精神。

一人多角的變身奇譚

劇場和電影中不乏身兼編導的偉大演員。有的是「吾道一以貫之」，以同樣的性格特質貫穿所有角色，例如卓別林，例如伍迪艾倫。有的則喜歡在觀眾面前「變身」，例如奧森‧威爾斯（Orson Welles）在《大國民》（Citizen Kane）裡從年輕氣盛演到老態龍鍾；例如出身陽光劇團的法國演

員飛利普‧柯貝何（Philippe Caubère），在他的系列自傳獨角戲中像說書人般穿梭扮演眾多角色；又例如羅伯‧威爾森身兼劇場的光影魔術師，還有時要自己下海擔綱空間裡的活動雕塑。

勒帕吉的獨角戲自然屬於後者。在《文西》（Vinci）、《愛爾西諾》（Elsinore）、《在月球的彼端》和《安徒生計畫》當中，他不斷快速變身成為眾多角色。出入於統涉全局複雜美學與技術的客觀操作、和投入不同人物內心肌理的主觀表演之間，只能說勒帕吉以此方式在治療他的性格／性別分裂傾向。一如他劇作中以跨領域手法呈現的跨文化／跨性別主題，反映了魁北克與加拿大之政治與文化的統獨議題，他在表演上的變身癖好更徹底地表達出現實生活中角色轉換的兩難或自得。

在台北街頭出現了持續經營的Live Comedy Club之際，勒帕吉的獨角大秀正好可以讓我們一窺此類單人表演可以走多遠。

通常一人分飾多角的結果，為讓觀眾易於區隔，角色設計通常都有鮮明的特徵，以致難免趨於平面。勒帕吉相當自覺地擺脫此弊。他的角色固然仍有易於辨識的特徵，卻都擁有不只一個面向，隨著劇情發展而在觀眾面前一一展佈開來。例如巴黎歌劇院精明世故的行政總監，可以轉眼變成為女兒讀安徒生童話的哀傷父親。

以語言形塑角色的超凡功力

這樣的轉換，必須先讓角色博得觀眾信賴，若沒有準確生動的表演，無以為功。總監連珠砲般的法語腔英文，維妙維肖的程度令人捧腹，但勒帕吉演出的另一主角，卻可以滿口連珠砲的流暢英語。語言形塑角色的能力，往往比造型更困難卻有效。勒帕吉過往作品經常處理翻譯造成的誤差「笑」果，他對語言的敏感，也完全反映在表演上。相對而言，羅伯‧威爾森的獨角戲也很重視語言，但卻以放慢速度、靜默與聲音的對比、風格化

的咬字發聲，來讓觀眾感受語言疏離化後的力道與荒謬感。勒帕吉卻以寫實表演爲基礎，不假思索的口若懸河來表現人物的及時反應，正如伍迪艾倫的神經質小人物一般，喋喋不休其實正透露無意識的焦慮。不論是他，或是經常在海外演出擔任他「替身」的伊夫·雅克（Yves Jacques），都擁有這種過人功力，這種脫口秀般的表演簡直讓觀眾相信那些話是當場未經預備脫口而出的。

獨角戲的另一副作用，便是談話的對象永遠不會出現在舞台上，造成每個人都自成孤獨宇宙的印象。他幾乎從不對觀眾說話——開場屁股對著觀眾的致詞已經表明立場。

站在機器上扮神的勒帕吉

同時，這種對單人表演的執著，又將劇場回歸到最原始的型態——希臘戲劇最早即是從單人開始發展。當技術統御了這個時代的劇場，極其弔詭地，站在機器上扮神的，還是一個人。所有技術無非爲了成就一具肉身的表演，而這位全能演員也必然成爲全劇焦點。即此而言，「機器神」和看來離技術最遠的「貧窮劇場」，倒不見得是地球的兩極，反而在勒帕吉的設計下，成爲兜過一圈繞回來後，兩個何其鄰近的戰鬥位置。

這本《羅伯·勒帕吉　創作之翼》是加拿大記者荷米·夏侯對勒帕吉貼身訪談的記錄。在訪談過程中，勒帕吉不斷提及，限制如何激發創意，創意如何帶來自由。這，或許是我們欣賞勒帕吉神乎其技的表演時，更值得思考的問題。

Beginning

序幕

現代達文西

根據我的經驗，欣賞羅伯‧勒帕吉的作品，包括他的劇場、歌劇、影像、搖滾音樂會……等，通常有三段式反應過程。一開始看到勒帕吉的作品，觀者會感到震懾、驚訝、不可置信，因為那新穎的形式、獨特的敘事方式、驚人的想像力、帶有玩心的性格，就像他頗具代表性的獨角戲《針頭與鴉片》（Needles and Opium），在東京環球劇院演出時，節目單上寫著那樣：人們不可能從報導的斷章取義中想像出戲看起來是怎樣，因為讀起來好像一個神秘事件報告。

在看過一些作品後，觀眾到達第二階段，驚奇的元素大半消退了，許多人會想知道：是否，他們不只是被其中炫目的馬戲、巧妙的魔術，或美妙的特技部分所吸引？勒帕吉的作品無論從螢幕或舞台上，都發射出強烈刺激的畫面，幾乎不可能發生的事會發生，無可避免讓觀眾因新奇而興奮，但這種興奮感終究會褪卻。

幸運的是，大多數觀眾會再回來看勒帕吉更多別的作品，即使腎上腺素上升得不再那麼快，因為第三階段出現了，這時討論取代奉承：勒帕吉創作中的隱喻和詩質、絕妙形式之下的深層理由、特定主題的一再重現，方才開始浮顯出來。而後再觀賞羅伯‧勒帕吉作品時，除了驚奇不斷的觀賞快感外，也結合更多知性的成分。

如同全世界大部分的觀眾一樣，我的第一階段發生在1987年春天，第一次觀賞《龍之三部曲》（The Dragons' Trilogy）開始。這時期我對劇場的品味也才要成形。以一個剛自高中畢業的年輕人來說，很難負擔得起一齣戲看兩次，然而這齣戲卻讓我破了例。第二次我是拉著我父母一起來看的（順便紓解我的經濟壓力，讀者可想而知）。我還帶了一本筆記簿，以便隨時記下使我印象深刻的地方，並試圖為初次看時性征服我的壓倒情緒找出理由。

現在假使你問我，當時是什麼東西深深烙進我的印象？我想我還可以

告訴你所有令我吃驚不已的畫面、作曲家羅伯‧科[1]動人心弦的音樂、超棒的演員陣容、一個停車亭變身為通往黑暗地下室的樓梯間的戲劇性手法、兩名扮小女孩的女演員用鞋盒象徵魁北克及附近地區的幽默有趣、一個四方形沙坑可以變化為世界許多地方的廣闊象徵性。

我一面寫著這些，一面決定挖出我近十年前的筆記。我很驚奇的發現：當年我在黑暗中抄寫、潦草得幾乎難以辨識的字跡，和記憶的已有所不同。那些筆記寫著對神秘開場方式的詳細描述、戲結尾的句子、一些可愛的對話、人物之間的關係註解、幾點對鞋子使用方法的評論。

《龍之三部曲》中，鞋子被有力地運用作為說故事的工具。一雙拿出手提箱的鞋象徵一個孩子誕生人世，越來越大的鞋象徵他的成長，另一雙被放回手提箱的鞋象徵另一個母親的死亡。一雙鞋子接續著另一雙的被小心地排好，卻被穿溜冰鞋的軍人毫不留情地踐踏凌轢，這是個相當不尋常、卻強而有力的關於二次世界大戰的毀滅性的隱喻。所以，最具現代感的舞台道具往往是我們日常生活裡最普通不過的物件，可以象徵生、象徵活、象徵死、象徵父親和母親的愛、象徵戰爭帶來的無形摧殘。對劇場而言，最深度也最重要的能力在於：舞台可以具體而微地表達整個世界。

換言之，真正震撼我的，不是魔術般的意象或豪華佈景（雖然它也曾驚懾過我），而是某種在劇場核心的東西：變形和聯想。這樣看來，表示我耽溺在第一階段反應的時間並沒有太長，很快進入觀眾和戲劇之間發展的深入理解階段。此外，羅伯‧勒帕吉讓我學習到一件事：第一眼的印象通常不代表事情的全部，如同他的戲，讓你感受一件事的同時讓你聯想到另一件，將之放在時光長流裡，事情都有它最初和最終的模樣，這些加起來才是它的全部。

就在我與《龍之三部曲》初遇之時 —— 這個幾星期前才全部發展完畢，在魁北克演出三小時版本的集體創作，它的六小時版本已經開始旋風

1　Robert Caux，羅伯‧勒帕吉經常合作的音樂家之一，擔任過《龍之三部曲》、《愛爾西諾》等劇音樂設計。

式到世界巡迴，一直到1991年。在這部戲之前幾年，勒帕吉已經是魁北克最熱門的導演之一了。

他與作曲家伯納‧邦尼爾（Bernard Bonnier）在1984年合作一部戲《循環》（Circulations），曾榮獲魁北克國際戲劇節首獎，並在加拿大各地凱旋式的巡演。就在這段巡演期間，勒帕吉參觀各大城市的中國城，逐漸形成他創作《龍》劇的基本概念。

後來他執導了一部史詩式巨構的集體創作《文西》（Vinci），包含他首次獨角戲演出，從法國亞維農藝術節到澳洲南部大城阿德雷德（Adelaide），巡迴世界各地，每一場都獲得爆滿的票房以及極佳的評論。也就是說突然間，他萬事如意，得其所哉。這對一個到青少年時代還不懂得什麼叫劇場的人來說，人生真是徹底改變了。

* * *

羅伯‧勒帕吉出生於1957年魁北克，一個加拿大法裔的勞工家庭，在他出生以前，他的父母已領養兩個英裔加拿大的小孩。羅伯‧勒帕吉僅僅二十歲便開始在職業劇團工作，在這以前，他從地區戲劇學校畢業，這個後來成為國際最有名的魁北克導演一開始幾乎找不到工作，他的學校老師認為他是個樣樣皆通樣樣稀鬆的孩子，也就是說沒什麼特長。正因為他不適合任何一個分類，所以他創造了他自己的類型。

他對舞台變換創造性的使用手法，部分起因於經費有限，再加上他集體創作的癖好，逐漸吸引觀眾的注意。這些年他經常同時進行好幾個計畫，後來也成為他的工作習慣，甚至成為他的生活模式。

他的一些輕鬆喜劇加入一些流行的即興遊戲手法大受歡迎，他也開始推出他第一部莎士比亞戲，同時擔任傀儡劇的演員和導演，並參與一些集

體創作：改編自喬治歐威爾（George Orwell）或伍迪艾倫（Woody Allen）的作品，或者從小報挖掘不可思議的題材。他還跨界歌劇。

1982年開始，他和勒佩爾劇團（Théâtre Repère）合夥，這個劇團後來成為他的創作「基地」，合作幾近十年。他在那裡推出第一檔戲是他與朋友兼搭檔李察·弗雷謝特（Richard Fréchette）與勒佩爾劇團導演賈克·雷薩（Jacques Lessard）合作的戲叫《等待》（En attendant）。

《龍之三部曲》為羅伯·勒帕吉在勒佩爾劇團時代的高點，1989年之後羅伯·勒帕吉的職業生涯進入一個全新方向。他成為國際性導演，他的作品不再僅於魁北克演出，下一部戲《地殼板塊》（Tectonic Plates）則應格拉斯哥和倫敦的要求，在英語區的多倫多市首演；值此同時，他在家鄉魁北克也獲得相當大的名聲，還引發一場論戰和媒體界不一的評價，因為成功的甜美總是摻雜著一點苦澀。

這也是勒帕吉1989年以後轉戰渥太華的部分原因，他成為國家藝術中心的法語劇場（National Art Centre's French Theatre）導演，在渥太華待了四年。其間大半時間又在世界各地巡迴，停留魁北克的時間少之又少，以致必須暫時辭去他在魁北克的常駐職務。雖然渥太華是加拿大的首都，但這城市除了政治家，對從事藝術的人來說，真是太過安靜了，相對於蒙特婁或多倫多市的大都會而言，更是遠離媒體焦點。

也就在這種情況下，我和勒帕吉有了第一次接觸。渥太華並不是我的故鄉，但我感謝這個城市，因為它讓像我這樣的新聞菜鳥，可以定期訪問勒帕吉先生，甚至從他滿滿的行程抽出時間，和我共進午餐。即使不因為這城市，勒帕吉先生的個性、他洋溢而開放的天才，我採訪報導他也是遲早的事。

我最早開始訪問他的時候，就十分訝異他談著那些國際巡迴旅程和創造的秘密時，好像在討論球賽或家庭瑣事般輕鬆自如。羅伯·勒帕吉擁有

一種不尋常的方式，能把複雜的想法化爲簡單的意象，一個印象即能解釋許多事物，呈現完美的清晰度與接受性。

勒帕吉先生顯然不是媒體塑造的那種接近神話圖騰的人物。他沒有一般人們天眞期待的那種演藝「明星」的氣質。他的工作、他看待專業的方式，皆與其他人所述不符。我覺得這些實在有必要向外澄清。然而好一陣子我們各忙各的，直到我們倆後來又都回到魁北克來定居和工作。

兩年後的一天，我與我妻子聊天時浮起一個念頭：爲什麼我不寫一本書關於我和羅伯‧勒帕吉的訪談呢？從1994年，在這位名導最具野心的一部集體創作《太田川的七條支流》[2]第一次媒體彩排時，我覺得我多少對羅伯有所瞭解 —— 其實只是這大工程的其中一點點 —— 我曾向他提起這個計畫；我想那是一個相當好的時機，因爲大環境正歡迎他透露更多關於他工作和生涯的事情，好讓更多人可以知道。他原則上同意了，那時一項預定進行三年的新計畫也正準備開始，這計畫是由他自己創立的新劇團「機器神」[3]擔任製作，同時這也將是魁北克多媒體製作中心「消防站」（La Caserne）的計畫之一，後者建築部分於1997年春天全部完工。從很多方面來說，這都是一個轉捩點，一個回顧十五年工作成果並展望未來的完美時機。

從一開始，勒帕吉和我就同意，這本書絕不可能是本傳記，也不會是一種古典派的訪問集（例如一系列按照年表進行的Q&A訪題）。對一個剛滿四十的創作者來說，打造「紀念碑」也似乎太早了一點，他謝絕這種可能。這本訪談集大部分是在1994年秋天，我們進行一系列一對一訪談，當時勒帕吉正在瑞典首都斯德哥爾摩導演史特林堡《夢幻劇》（A Dream Play）改編的製作。我們同意這本書的重點在一位藝術家創作生涯的某一段時期的記錄，一部「旅行日誌」之類的東西。

2　The Seven Streams of the River Ota，太田川，日本廣島縣的一條河。這是一部故事地點在廣島，涉及原爆者的戲劇。

3　Ex Machina，拉丁文意指「由機器上下來的神」，最早源自於古希臘時代，劇作家常利用諸如起重機等舞台特殊效果的器材，將神帶入舞台，以解決戲劇中主人翁所面臨無法解決的困境。

在看過其他不同來源如德國導演穆勒（Ray Müller）《萊妮‧里芬施塔爾傳奇錄》（*Thw Wonderful, Horrible Life of Leni Riefenstahl*）和溫德斯（Wim Wenders）的論文集《意象的邏輯》（*The Logic of Images*），以及法國作家圖尼耶（Michel Tournier）回憶攝影的一本奇特的書之後，我決定不先找結論，順著訪談自然進行，看結果能帶我們到哪裡。

當我去斯德哥爾摩時，我事先蒐集資料和研讀，也與勒帕吉長期合作的同事瑪莉‧姬格娜（Marie Gignac）、米謝‧貝赫納切茲（Michel Bernatchez）、菲利普‧索勒德維拉（Philippe Soldevila）談過話，從中整理出一列訪談主題，結果卻變得像勒帕吉的作品中經常發生的情況一樣：一塊空白的畫布，書的內容大部分是即興發生，而非計畫之作。

多麼類似勒帕吉的劇場或電影啊！如同勒帕吉最新一部電影《測謊器》（Polygraph），絕大部分場景拍攝的，是進行中的工作而非演練的成果。這本書可以說是共同合作的作品，我就像打一場網球似地持續把球送出和回應。我們其中一個人用球拍將另一個人引導得更遠，這本書是力量和個性的混合，我可以很自傲地說，這本法文版的訪談集至少不是一個人的聲音，而是兩個自主者的混聲。

只有一個地方保留標準訪問稿的慣例：訪問者的語句用「楷體字」，受訪者的語句用「明體字」。我的工作為單純發問和記錄回答。而包含評論、筆記和設定問題上必要的介紹則以「明體線框」來表示。您會發現每一章因應不同的主題，寫作形式都不一樣。有些地方問題和回答的部分直接呈現，有些篇章則像勒帕吉自己寫的連貫論文，因為通常我們的討論總很自然從一個主題持續到下一個主題，於是我把散布每個主題的對話記錄集中到單一章節，增加訪談的趣味性和分析性。除非我認為有必要我才加入介紹，因為勒帕吉的語言我簡直不能再添加什麼。讀者所見的不規則形式很自然反映我們「打網球」式的訪談過程。

然而，當我即將完成法文版的手稿時，我發現很難分哪個想法是來自誰的，整個訪談下來，想法會自然而然聚合為一。我們有例行會議，但一到關鍵點就會碰上巧合。例如在標題為「混沌」那章發生的事件，使我必須改變我停留在斯德哥爾摩的時間，搭火車中途經過愛爾西諾城堡[4]到哥本哈根，以趕上往倫敦的班機，第二天我要去看一齣精采的演出《哈姆雷特》（Hamlet），那是由彼得·霍爾[5]的團隊製作的。那時勒帕吉常和我談他的新製作，當時我和他都不知道這齣戲最後就定名《愛爾西諾》（Elsinore）。

巧合總是層出不窮，我有次在訪談中放背景音樂，那是以trip-hop樂風聞名的波提斯黑樂團[6]（我自己還是頭一次聽），音樂裡有股強烈的悲傷，而勒帕吉恰好認為非常適合他的第一部電影《告解室》（The Confessional）的情調。

另外一次，某天晚上我整理訪談記錄的時候，因心煩意亂隨手從書架抽出一本戴格曼[7]的書，意外發現書中某些地方與本書中「自由與奴役」一章有強烈的連結。我拿給勒帕吉看，他告訴我他最近在斯德哥爾摩演出《夢幻劇》，其中表演指導不是別人，正是早夭的戴格曼的女演員妻子安尼塔·碧月（Anita Björk）。

在勒帕吉離開斯德哥爾摩之前，碧月給了他一本他前夫的短篇小說集作為紀念，因為她感覺到，合作了整個秋天的導演和她丈夫之間，有某些相似的地方。在鼓勵下我繼續把這本書讀完，驚訝地發現戴格曼的文字與劇場有某種關聯：有次勒帕吉還說這本書其實是他偷偷寫的，這當然是開玩笑的。以上這些例子只是說明《羅伯·勒帕吉的創作之翼》這本書，在內容以外看不見的推動力。

和勒帕吉一起工作的人們常說他們有一種感覺，好像冥冥中上蒼告訴他們，必須追隨勒帕吉創造一部戲劇。戲中主題和事物隨處湧現，印證他們所見的每一件事。彷彿事事皆有相關。從各方面來看，羅伯·勒帕吉的

4　Elsinore Castle，相傳丹麥王子哈姆雷特的城堡。
5　Peter Hall，1930- ，皇家莎士比亞劇團的創始人，曾任倫敦國立皇家劇院的總監。
6　Portishead，英國知名的搖滾迷幻樂團，該團女主唱後來為電影《無名指》配樂。
7　Stig Dagerman，1923-1954，瑞典小說家，成名於四〇年代，以自殺謝世。

劇場和人生似乎緊密結合爲一了。

有一陣子，這本書預定命名爲《Pile et Face》，字面上的意思就是銅板的正反面。這些訪談經常顯得像半透明獎章的兩面，兩面互爲補充，而非相反。對勒帕吉來說，過程才是工作結果的本質，私密生活總會滲透進舞台，組織與邏輯和創造無法分離。正如形式無法與內容分割，文化認同與國家認同經常不謀而合，混亂與創造或自由與不自由，似乎也會弔詭地互爲關聯。

這種曖昧特質也顯露在他的作品中，特別在形式上。最近幾年我很驚訝地看見，勒帕吉在觀衆面前大方地展示他如何使用他的魔幻技術手法（我想可以《愛爾西諾》爲代表），卻還能保持戲劇的神秘感。這正證明勒帕吉在炫目技術的背後或之中，確實有更重要的意義存在。

羅伯‧勒帕吉工作的範疇很廣，從大型搖滾音樂會到小型表演，後者更能機智和微妙地彰顯個人的感性。這些年他已經證明自己勝任各種形式、各種規模戲劇的能力，也可以適應各種不同類別表演的需要與規則。我想到我剛看過他《太田川的七條支流》的最終版：在第一幕，我僅因爲他大規模將各種元素融冶一爐，就感到非常印象深刻了。

在本書中我們第一次訪談時，勒帕吉跟我說：「我有強烈感覺我會往什麼不同的地方、做什麼不同的事情，只是我尚未確知那是什麼。」藉著《太田川的七條支流》，這趟旅程從劇場的核心出發，《羅伯‧勒帕吉的創作之翼》提供它將走向何方的好幾種指標。當然，這是一個開放性的問題，正如我一位朋友聰明地指出，勒帕吉和他的工作同夥，總是展現過程本身給我們，而非過程最後的結果。

超過三年持續的工作，《太田川的七條支流》不只一次調轉方向。從1995年秋到1996年春之間，這齣戲的每一個部分都有所更動，讓評論家當

在舞台上製造不同時間與空間的重疊，乃是勒帕吉導演手法的註冊商標。在《太田川的七條支流》，許多人同時坐在一個狹小的普通浴室，這空間同時又是攝影師的暗房，就好像這些人的存在實際上只是過去當下的痕跡而已。（Claudel Huot 攝）

場驚訝。參與工作的團隊成員，挪來移去已不是問題，要找出更好的方法讓一部戲說出它自己的心靈，讓意義和結構自由湧現。很有趣的是，事實上，它比上一齣戲更具體化彼得‧布魯克（Peter Brook）的劇場概念：劇場是移動的事物，它有它自己的生命和演化過程，一旦它太固定，便會邁向死亡。

　　彼得‧布魯克坐在《太田川的七條支流》在魁北克完整版首演的觀眾席上，說他反應熱烈還不足以形容。在一封給蒙特婁某家日報的公開信中，布魯克寫道：「羅伯‧勒帕吉和他的合作者們，給他們自己一項如同人類深層需要般龐大的任務，他們尋求創作一種劇場，因為我們時代令人恐懼和難以理解的現實，與我們日常無關緊要的瑣碎細節密不可分，而那些細節，通常對我們自己很重要，對其他人卻無關緊要。因此，他們實驗一種劇場語言，用以述說以當今技術可以提供表現的現場表演藝術的人文精神，這是多麼壯美的任務，多麼英雄式的野心！」（1996年6月）

　　我僅希望這本書可與各位分享這些努力，並適當地記錄這個我與勒帕吉一起開始，而他將繼續下去的旅程。

荷米‧夏侯

1996於魁北克與曼尼圖倫島

回憶

我並非在任何固定地方書寫，而是在仍享有某些自由的夜空當中……我避免教條主義，但無疑你將發現我語言中能湧現的如此貧脊，因此我希望不要從我自己說出任何事情，如果有什麼應該湧現，它就會自然而然湧現。

尚·考克多[1]，《給美國人的信》（*Lettre aux Americains*）

書寫，創造，你必須有一點說謊。你要有能力放大你所聽到的故事，並大量加入你自己創造的故事，這也就是傳奇和神話的由來。所以在神話和病態說謊之間有非常密切的關聯，敘說故事和記憶也就在處理這類關聯。

神話靠一代一代分享故事而傳遞下來。據《鐵約翰》（*Iron John*）一書作者羅勃·布萊（Robert Bly）的說法，男性認同的問題在於男性神話的流失。女性神話的流失比男性神話流失得少，因爲做母親的總會不斷地把傳統價值告訴她們的女兒。至於男人呢，我們都有叔叔伯伯吹噓的釣魚故事。從前做父親的，會把他們的手藝傳授給兒子，但現在幾乎不會了。女人呢，至少母系的聯繫還能從上一代傳到下一代。

一般來說，我們社會已經流失口述的記憶，取而代之的，是我們越來越依賴文字和視覺檔案來使過去不朽，代替我們記憶的儲存。於是我們的記憶便越來越不管用，因爲不再需要做任何努力去記憶事情了。所以，記憶不再藉由過濾而轉化事實，也代表人類歷史越來越難以轉變爲神話。

詩和藝術仰賴於人類透過不完美的記憶重塑事件的能力。假如我們依賴記錄，透過寫下來的文字和照片，幾乎可以準確無誤重回現場，這種事實是文獻學者和歷史學家會喜歡的那種，然而神話卻在這過程中被殲滅。一個釣魚的故事是眞或假不重要，我們如何以記憶的扭曲透鏡轉化事件才眞正算數。事實是模糊的，由於說故事的創造力把它變得美麗和偉大。

1　　Jean Cocteau，1889-1963，法國詩人，並身兼小說家、評論家、劇作家、畫家、設計家和電影導演等多重身分，主要作品有劇本《奧菲斯》和電影《美女與野獸》。

在我們的談話裡面，我不夠精確，這可能是事實。但讓我感興趣的，不是如何趨近真相，記憶才是更重要的，記憶才是更根本的。我記得，或者我這麼認為，我告訴一大堆朋友關於《地殼板塊》這部戲在開場時眾目睽睽下發生的一件意外，結果這齣戲的主要演員之一的珂特（Lorraine Côté），花了好長的時間說服我：我記錯了，事實上這件事發生在彩排的一天下午。這類失察幫助我瞭解到：記憶經常是假的，或近乎假的。

事實上，珂特她自己也曾告訴我一個包含大量細節的故事，她講了很多遍，那件事在她腦海中歷歷如目，但是當她在家族聚會中再提起這件事時，卻發現所有人都吃驚地瞪著她，因為這件事發生的時候她根本還沒出生呢！然而她卻記得這麼清楚。很可能是在她很小的時候某個人告訴她的，而經過記憶謎般的詭計，她就給了她自己在其中一個角色。

我們全部的過去都是這麼一回事。我們增減色彩和人物，完全是無意識的。像我母親就用這種方式創造了一套神話。在我很小的時候，她總是重編整個第二次世界大戰給我聽，特別是我兄姊不在場的「加拿大婦女武裝組織」（CWAC）的筆記本和照片，她可能虛構了一些事情，或者她的記憶不夠完美，以致把她虛構的部分置於真正發生的事件之上，不管怎麼說，透過這過程她重新塑造了整個戰爭。人們抱怨記憶的不準確，但我們其實應該好好享受它，運用它作為我們創造的工具。

羅伯·勒帕吉
魁北克市，1995

Geography

地理篇

旅行日誌

摘錄自1994年9月17日在斯德哥爾摩
格蘭德旅館飯店，從晚上10點到半夜的談話

荷：我們是否可以摘要些什麼？從剛開始處，譬如我們的目標為何，或
　　我們發生這些談話的理由是什麼？

羅：也許我們應該到最後再來做這些。哪一件事的全部理由，不是到它發
　　生以後才越顯得清楚？

荷：或許吧，但難道你不認為這可以幫助我們釐清一點方向？

羅：讓我給你一個例子。哥倫布的旅行日誌揭露兩件事：首先，他知道一
　　趟冒險的探險之旅的結果是不確定的，所以記錄每天發生的基本事件
　　是必要的。第二，他知道這探險本身比他自己是什麼還重要，他突然
　　發現自己站在新大陸上，不知道什麼在那裡等待著他。
　　　　劇場是一趟探險，比我們自己是什麼還重要。我們帶著許多問題
　　去探險，但實際上沒有答案。我知道我們計畫發現的大陸叫什麼名
　　字，但經過一些探索之後，會發現，除此之外沒有什麼是清楚的。
　　　　我來斯德哥爾摩導演史特林堡的《夢幻劇》，因為瑞典一個很重要
　　的劇團邀請我，但也因為這是一個機會，給我探索並進一步認識自己
　　的工作方法。跨越地理的邊界也是種跨越藝術邊界的途徑，也許為這
　　個旅程製作一份日誌是合理的。在我生涯的這個點上，我想我有很好
　　的直覺，也有探險的品味可以啟發人，允許我對我的演員們大言不
　　慚：「放下你們的電視影集吧，跟我一起環遊世界。」但是我手上沒
　　有任何答案。

我也有一種感覺，我將朝向什麼不一樣的地方，做什麼不一樣的事情，但我不真正確知那是什麼。在這個點上，我覺得我要開始與許多藝術家交叉工作，他們是一些我合作過的藝術家，或是我想要合作的藝術家。《太田川的七條支流》是我第一部嘗試以這種新方式合作的作品，創造跨領域的相會。

一般而言，戲劇比較是屬於文學世界的，所有發生都來自於劇本，但我覺得我自己傾向於回歸以下這個觀點：劇場是一個相會的場所，包括建築、音樂、舞蹈、文學、特技、遊戲等等相會的場所。在我的戲中，我覺得最有趣的地方在於：集藝術家們於一堂，結合各種藝術不同的形式和規則。考克多和達文西都是形式、藝術家、規則的收集者，他們是啟發我靈感的人。

我們的劇團「機器神」，如我們之前所講的，正開始它的探險之旅和收集歷程。無論在集體或個人方面，我們仍需要界定誰是我們主要的影響者？誰只要蕭規曹隨照著做就行？我們目前創作的戲都沒有寫下來，大部分因為我們的工作不斷地調整和改變，也因為諸如聲音、意象、能量等等都太難以敘述。填寫一份文本沒有用，我們要傾訴的，是什麼我們有能力訴說，並試圖釐清是什麼在驅動著我們。

我們可以先透過「機器神」這名字包含的三項元素來定義我們要做的是什麼。第一，裡面不用劇場這個字眼，因為劇場不再是我們唯一在意的。在勒佩爾劇團，我製作過《龍之三部曲》、《循環》、《地殼板塊》三部戲，它們都是用「勒佩爾法」[1]，我們也學到很多如何用這種方法推進。

第二，「機器神」的名字是機器的字源。雖然對我來說，機器裝置並不僅指讓考克多在《針》劇飛行的降落傘背包，也指演員的內在，說出與戲吻合的台詞的能力，這裡頭同時也包含機器主義的觀點。

1　原註：Repére Method。Repére除了是勒帕吉在1980年代所待劇團的名稱之外，也是以下幾個法文字的縮寫：資源（Ressource）、譜記（Partition）、評估（Evaluation）、表演（Représenta-tion），這是源自加州建築師哈普林（Lawrence Halprin）發明的創意方法，又稱為RSVP環（RSVP cycles）。這個方法的基本概念是，創作過程是一種循環，暗示一個表演是持續的工作過程，工作應要在實質的資源裡生根，而不是抽象的概念和想法。repére也代表一個參考的指標，一個地標，repérer就是要去發現，去定位。

在《地殼板塊》中，勒帕吉和他的共同創作者朝向探討歐洲和美國、十九世紀和二十世紀的關係。德拉克洛瓦的精神和威尼斯派的物質性存在是這齣戲的兩股驅力。（Claudel Huot 攝）

　　第三，我們從字表上移除「Deus」[2]的字眼，它原意為預兆什麼不可預見的結果，然而我認為我們仍保存神話面向，尋求心靈的感應。結果和敘事的機器主義仍無法預知、仍神秘莫測，端賴我們去揭曉它。也可能這樣下去，我們將來所做的會顛覆今日的定義，不過劇團的名稱會留下來見證這些想法。

2　　Deus Ex Machina 通常連在一起為一詞，而勒帕吉的團名只用了 Ex Machina。

從改變中創新

羅：我經常談我媽和我其他家族女性的說故事能力，事實上，《龍之三部曲》大部分說的正是我媽和她同時代婦女。一群家族婦女聚在一起說她們的故事，是個不可思議的景象，她們的天賦給我很大的影響。但如今我回想起來，自從1992年我父親去世以後，我越來越瞭解他也是很厲害的說故事者，他有他的方式。也許我從他那裡學到的比我原本所想像的多。

　　我父親是一個計程車司機。七〇年代以前，人們經常搭計程車參觀魁北克，加上我父親能說流利雙語，他是市內一流旅館會推薦給老主顧的司機之一。我們兄弟姊妹印象非常深刻，因為會收到那些貴客送給我們以表達謝忱的禮物；有一次，我記得有個美國珠寶商送給我們每人一隻瑞士錶。因為我們不是特別富有，所以這是一件大事，並讓我們頗以父親為傲。

　　有些時候，父親也會開計程車帶我們兜風，我聽他說我們這城市、附近地區以及這國家的歷史。最遠的地方，我們到過蒙瑪芮希瀑布（Montmorency Falls）和聖安妮大教堂（Sainte-Anne-Beaupré Basilica），在快速道路建起來以前，來去各一小時，所以你真的必須找點什麼別讓你的乘客閒著。你必須說點什麼，而我父親總生得出新故事。他添加細節，並圍繞那些事實竄改一些，以確保有足夠的資料可說。誇張和加油添醋，是一個導遊和說故事者最基本的工具。

　　假如你可以想像一下，舊魁北克城和瀑布之間的旅程，和從瀑布到聖安妮大教堂的旅程，它們就像劇場上一長串變化的場景，在時間內你必須填滿情節渲染。我父親在現實中做到了——關於聖勞倫斯河、沙堤、歐蘭朵島（Île d'Orléans）和居住此地的名魁北克歌手雷克雷赫（Félix Leclerc）。但有時兩景之間路拉得很長，你真的會被卡住，無話可說，我父親填塞過去。我永遠記得，一條位於魁北克邊界

公路旁有一間很小的房子，我父親指著它說：有一個家庭住在裡面，他們有十八個孩子。遊客明顯因此印象深刻，並對魁北克家庭的尺寸感到驚訝，然後我父親會繼續說些真實的資訊。但他講過最棒的故事肯定都在那些空口無憑的地方。

類似的情況發生在我處理莎士比亞的獨白上。當哈姆雷特發表冗長獨白轉移觀眾的注意力時，我們趁機搬移伊麗莎白時代的布景和道具，背景從愛爾西諾城堡舞會大廳變化到城堡的牆垛上。感謝場景改變，莎士比亞式的優美對白才有機會被寫下來。所有偉大的作品都具備提供過渡的功能，有時候為了填充時間空檔而造就了最棒的藝術作品。

《龍之三部曲》中，珂特一人分飾兩角：修女，和一個有心理障礙叫史黛拉（Stella）的女孩。我們有一個場景史黛拉不在場，修女給予史黛拉的母親指導，下一個場景母親立刻就帶著史黛拉往精神病院，根本沒有時間讓珂特換裝，我們就叫她把史黛拉的衣服穿在修女的長袍底下，這樣她只要跑到後台拉下外袍就好，但時間還是不夠，所以我們讓她在觀眾面前換裝。史黛拉的母親每脫去修女一件衣服，就將另一件衣服從女兒的手提箱拿出來，修女在觀眾面前逐漸變身成史黛拉。為了使這種轉化顯得可信，我們必須用整個故事處理它：用小喇叭象徵靈，用白袈裟象徵心，諸如此類，發展成整套變身的儀式，給予變身意義，並使這過程變成六小時長劇裡最美麗的時刻之一。這一切僅源於演員不夠時間換裝。

平凡無奇的技術限制，迫使你重新定義你的使用條件，所謂需要為發明之母，但是判斷你要說的是什麼、為什麼你要這樣用而不那樣用，則相對困難得多了。

在《太田川的七條支流》裡，我們有一場戲讓所有角色穿上奇特

東方與西方的關係是《太田川的七條支流》的核心，東西方以多樣的方式接合。照片裡一名魁北克人坐在廣島的日式房屋內，一位年輕男人穿著女人的和服。（Emmanuel Valette 攝）

的和服輪流出現，然後消失，像變魔術一樣；我們知道這樣執行起來佈景將變得很龐大，但這個想法不會因技術限制而取消。我們在籌備過程遇到的所有意外、困難，都會刺激我們產生更多有趣的想法，讓問題顯得不是那麼困難。其實這個場景的技術問題並非太大，但我們還是得更努力，才有辦法讓它在戲中成形和得其所哉。

經過這些創造過程，你掙扎著尋找著，在某一點上你忽然打開一扇門，創造了一個又一個不朽的場景、移動，和意象。有時看起來很美麗，但也就是表面上的那樣：漂亮的東西，再沒有其他的了。有時候我們則發現有什麼能打動觀眾，甚至改變觀眾，卻不知道為什麼。但絕對沒有任何一件事是失控的。

畢卡索說過藝術家的任務是去發現事物，並找出它到底是什麼。這絕對是真理。在意圖和結果之間有巨大的鴻溝。常常詩人寫下一段押韻文句、一個美麗的句子、新的表達方式，之後才回想到底是什麼蘊藏在這些創造之後。我們必須學會接受意義來到我們面前——當它變成事實以後。

我從未去過中國

1995年1月21日
魁北克

荷：這個角色叫做皮耶‧拉蒙塔尼（Pierre Lamontagne）。這人的生活以
　某種方式與你類似，規則地出現在你的作品當中。當你開始拍電影
　《告解室》時你提供的一些文宣上介紹他是「所有目的的角色」，這
　人到底是哪裡來的？而什麼是你所說的「所有目的」？

羅：當你年輕的時候，有時人家會問，如果讓你自己選，你會替自己取一
　個什麼名字？我覺得我會叫皮耶而不叫羅伯。我們賦予名字很多意
　義，而皮耶（Pierre，意思是石頭）的意思很吸引我。在《龍之三部
　曲》即興創作期間，我創作了一個角色，年紀跟我差不多，某方面來
　說，他是我的另一個自我（alter ego），一個他母親也待過CWAC的藝
　術家，類似這樣的。所以很自然的他就叫做皮耶啦。他的姓，拉蒙塔
　尼（Lamontagne，意思是山）也很具有意義。事實上從我早期的即興
　創作中，皮耶的母親由瑪莉‧姬格娜扮演，叫法蘭西絲‧羅伯姬
　（Françise Roberge），後來她嫁給姓拉蒙塔尼的人，很顯然她的兒子就
　變成皮耶‧拉蒙塔尼。

　　　這之後，石頭和山的意象佔據我劇場相當比例。皮耶‧拉蒙塔尼
　的名字洩漏出：人其實很渺小，但人的野心可以很大。在《龍之三部
　曲》劇末，皮耶在藝廊遇見Yukali，一名日本女性。他發現她的名字
　代表的意義是「珍貴的石頭」。這兩個人有了連結，這場景等同東方和
　西方的交會：陰和陽，兩個角色彷彿東方禪園的兩枚石頭。

　　　這麼一來皮耶和Yukali的相遇就變得不可避免了，我讓他倆相遇
　在史黛拉的葬禮——人體被深埋於地下的行為。這意義延續下去，石

頭變成地上一個洞的相反象徵，創造出生還和延續的意象；他們的相遇有助於彌補上一世代留下的空間。以這種方式，整部《龍之三部曲》就是由皮耶・拉蒙塔尼的生命歷程推動著，是他必須繼承下去的整部歷史。

《告解室》的運行則相反。從相反的方向：皮耶・拉蒙塔尼藉由調查他父親的死因和他兄弟的失蹤，逐步追探他家族的過去。透過皮耶・拉蒙塔尼這個人，事實得以抽絲剝繭揭曉。至於《太田川的七條支流》，皮耶發現自己人在日本，透過他，觀眾得以連結日本和日本文化[1]。

所以，皮耶・拉蒙塔尼是一個連結性的人物，像一個交通工具，他可以往所有的目的地。因為他既年輕又是一個藝術家，被允許跑到任何一個地方，出現在任何一種環境。他個性充滿彈性和行動力，某方面來說就像一張白紙。作為觀眾和故事之間的連結，他總是天真地面對他所遭遇的事情，而這正代表觀眾的立場。

在《龍之三部曲》中他完全不認識中國。到了《告解室》（The Confessional）他完全不知道他家族的祕密，或躲在希區考克（Alfred Hitchcock）《懺情記》（I Confess）[2]後拍電影的那些人。經由他的好奇心和他的發現，這一個人就像一道門，或者更貼切一點，交給觀眾的一把鑰匙，跟著他觀眾比較容易找到位置，並利用他接觸到整齣戲的核心。

隨著皮耶・拉蒙塔尼這個人越來越具體化，這個角色也發展出一些不吻合處。在《太田川的七支條流》中他1995年去日本學習書法。在《告解室》開頭，他從中國回來參加父親的葬禮，時間在1989年。但依照學習順序來說，他應該先去日本再去中國，因為就東方文化的脈絡來看，日本文化有許多傳統來自於中國。

1　原註：在演出的第一階段，拉蒙塔尼是個來日本研習書法技巧的學生。在1995年的演出，他的學習領域轉移到了舞踏（buto），而戲裡他的角色愈來愈受限制，到了最後，1996年春天，這角色的份量愈來愈輕，以至於最後被改名為馬爾太（Pierre Maltais）。不過，用來連結西方觀眾和日本文化傳統的角色功能，依舊保留著。

2　羅伯・勒帕吉的《The Confessional》，一譯做《懺情記》，但為了怕與希區考克電影《懺情記》（I Confess）混淆，故在此譯作《告解室》以為區隔。

勒帕吉的電影《告解室》主要以對希區考克的《懺情記》做致敬爲基礎，因《懺情記》同樣在魁北克市拍攝，故事情節亦建立在一位神父聆聽告解時，對其揭露的事件上。

荷：你本人去過日本，但還沒去過中國？

羅：對，而且我還不確定我將來是否會去中國。我的工作會強迫我巡迴很
　　多地方，比如我的戲《測謊器》曾巡迴香港。跟我合作過《龍之三部
　　曲》與更以前的《測謊器》的女演員瑪莉‧巴薩（Marie Brassard）告
　　訴我，在她去過中國以後很驚訝地發現，我們想像中的中國跟真正的
　　中國竟有這麼多相似之處！

荷：你和你《龍之三部曲》的合作者都說這部戲如此接近中國或東方的
　　中心，這難道不會令你想實際真正到中國去看一看？

羅：我學習印尼文化大約有十年之久了：印尼劇場、印尼音樂、印尼舞
　　蹈，就所有的用意和目的來說，我都算一個專家，但我從來沒有去過
　　印尼。
　　　　這是一個心理上的地方，它所代表的意義也因人而異。《龍之三部
　　曲》裡面的中國是我的戲劇裡的中國，跟這個國家本身可能有些地
　　方一樣，但更多地方不一樣。中國有她自己的氣味、紋理、規則、感
　　性，沒有一樣是我們知道的，而在戲中我們也不需要知道。重要的不是
　　地理上的準確。這很像是我們以軼聞的方式處理，什麼適合我們戲所
　　需，這部分才是最重要的。布萊希特的《勇氣媽媽》（Mother Courage）
　　在歐洲三十年戰爭中經歷那麼多測試和苦難，假如我們要為她無規則
　　的遷移描繪地圖，簡直是做白工，但劇情依然成立。
　　　　我對東方的遐思事實上促使我去瞭解西方。直到今天，這麼多年
　　了，前者幫助我更瞭解後者。你如何瞭解西方二十世紀的文化？特別
　　當你是一個魁北克人，這意味著你幾乎沒有文化資產在手用以解釋這

個世界。你需要一面鏡子。我的第一面鏡子就是東方。

　　在《太田川的七條支流》，鏡子到處都是，它們集中在揚娜‧恰佩克（Jana Čapek，《太田川的七條支流》中人物）的記憶，帶她到泰瑞莎之城[3]，那是捷克猶太人的集中營。反之，像一名原爆者（hibaku-sha，廣島核子彈的倖存者）的生活裡就完全沒有鏡子，因爲她的繼母不讓她看見自己無法辨識的臉。

　　就戲的發展觀點來看，甚至可看作一人分飾兩角的女演員瑪莉‧姬格娜的鏡子遊戲，一對雙胞胎卻過著完全相反的人生。當你照鏡子的時候，看到的是左右相反的鏡像：一個右撇子會看到一個左撇子在鏡中，反之亦然。這好像把人生翻轉過來看一樣。

荷：地理總是出現在你的作品中。我記得你好像說過在你決定讀戲劇以前，你想攻讀地理，這甚至成爲《針頭與鴉片》劇中的一句台詞，這是真的嗎？

羅：當我小時候，在我的眼中，我家族裡的藝術家，是我哥哥大衛（Dave），而不是我。起先他是一個插圖畫家，然後成爲攝影師，現在他在渥太華一間建築學校教授攝影。我們小時候同住一個房間，所以我可以觀察他工作的樣子：他畫圖、創作，令我看著非常羨慕，我從沒想過我也可以做類似的事情。

　　我對地圖繪製非常感興趣，因爲我在地理課學得很好，十年級的時候我在這科目上是我們班第一。我跟我的老師談了許多，也自然而然對地理其他方面如人口密度、區域地表感興趣。然而我學得越多，統計學上的知識就越不重要，這科目給我越來越多影響的，是關於思考方式。尚未深入鑽研前，我就很快發現，我更多想說的，是關於文

3　　Theresienstadt，位於捷克，現稱Terezín。

化、人類地理、語言、旅行等諸如此類。

　　地圖總是以一種可理解的形式讓我們認識世界。這點也顯現在我們的製作中，我們穿越許多不同地方和不同時代去說故事。當你實際去旅行，你發現一個國家或一個城市的本質，使這地方獨特之處也就是它靈魂所在。同樣地，戲劇可看作一種旅遊敘述，它成功與否的衡量標準，就跟一趟旅行成功與否的衡量標準一樣。我們可能是一名旅行家，也可能是個觀光客。

　　一齣成功的戲劇，在它傳達出旅行家的體驗，而非觀光客的經驗。我這譬喻是來自於蒙特婁戲劇評論家羅伯‧雷弗斯克（Robert Lévesque），他曾經評論《地殼板塊》為：一場失敗的演出，至少不能引起深刻的迴響，有點像兩週旅遊十個城市的觀光客所帶回家的一堆風景明信片。

鏡子與反射

1995年2月14日星期二
在《太田川的七條支流》的一場公開彩排之後
從魁北克到蒙特婁的火車上

荷：昨晚我被揚娜‧恰佩克對皮耶‧拉蒙塔尼的描述嚇到了，她說他「缺乏臉部標記」，他的性格是「透明的」。以他作為你的分身的角度來看，我注意到某部分也與你本人有所類似，特別是皮耶‧拉蒙塔尼的角色具有彈性和變化的能力。揚娜‧恰佩克說完話時，她正讓皮耶‧拉蒙塔尼穿上女裝，反串女人，你自己也曾反串女人，最知名的例子是在《地殼板塊》中。

羅：是，這是真的。在更早的版本中，揚娜‧恰佩克還沒被刪減的對話裡，她拿出她的朋友愛達（Ada）的照片給皮耶給看，並且說：「我喜歡這光線，因為它帶出她男性的一面，在一個女人身上找出女性是困難的。」然後她托起皮耶的臉說：「你，從另一面看，是非常陰性的。從你身上發現一個女人是很容易的。」然後她就給他換上女裝，以顯出這實際上有多麼容易。所有這些都在解釋，為什麼一個六十歲、從未跟男人上過床的女同性戀，會被皮耶吸引並且主動勾引他。

　　在舞台上，這些性別指涉被隱藏在愛達內在的痛苦所取代，這也就是為什麼，我們最後焦點結束在臉部特徵上。一個人身體上肉眼可辨的傷疤，事實上也反映著內在傷痕；這就是為什麼皮耶的臉上缺乏印記。在此劇較早期的版本中，揚娜跟愛達說皮耶透明得像一張寫書法用的宣紙。他是空白的一張紙，充滿可能性。

荷：物理上來說，也沒有任何一個意象可套用在你身上囉？

羅：我在劇場、電視、電影界常被稱為變裝藝術家。他們說我的臉像一張白紙，允許他們在上面塑形。我臉上也沒有什麼胎記、痣、眉毛之類的特徵。

荷：事實上大家都說你身體是劇場的真實投射，隨你心所欲而變化。

羅：這也是有一段時間我被要求當一個演員的原因。但我從來不曾有意識地連結這兩件事。

荷：是否你會將自己影射入皮耶・拉蒙塔尼的角色裡？

羅：我從來不會。在你提到的當下，我感覺應該是真的；但在你發問的前
　　一秒，我還完全沒想到這一點。

透明帝國

東方和西方交會的主題經常出現在勒帕吉的作品中，特別明顯的如《龍之三部曲》（它設定於加拿大中國城）和《太田川的七條支流》（此劇發生於廣島，人物為一群主要來自魁北克的西方人。）日本似乎特別吸引勒帕吉，最明顯的例子是他的獨角戲《文西》中，他的領帶上打著「神風特攻隊」的字樣，對比支配全劇的義大利文藝復興時代。

1993年他第一次前往日本，在東京巨蛋導演《馬克白》（Macbeth）和《暴風雨》（The Tempest）時，羅伯・勒帕吉被這國家的現代化和技術化所震驚：「我覺得我好像活在一個任天堂的遊戲裡。」他在一次從東京打給魁北克記者的電話會議裡，開玩笑地說。

幾次旅行之後，如今他對日本文化的精緻、純淨、永恆，有了更深刻的體認。他一方面提供觀眾巴洛克式的繁複視覺，一種適合西方觀眾，從自身經驗無須模仿的接受力，同時理解日本對西方文化謹慎但極為強烈的影響力——而今輪到西方表面上無所察覺：日本於今對西方影響的程度，已不僅僅在汽車和電子而已。

荷：您對日本的興趣是怎麼開始的呢？

羅：正如一個西方孩子常搞混西班牙和義大利文化一樣，對中國和日本也經常搞混。這種混淆並非完全沒有根據，因為兩種文化是有關係的。日本文化奠基於中國，主要語言也源自於中國；日本人寫「漢字」（中國字），然後才發展出典型日本的文字（平假名和片假名）。這兩個國家互相影響彼此，他們的歷史因為對抗而交錯在一起。作為地理上相鄰的國家，日本和中國關聯的深度，就像美國和加拿大英語區一樣。一個文化帝國影響另一個，是個永遠存在的問題，而影響力顯現的方

式則因時期而有所不同。

我對日本的幻想是在我成年之後，那時我已能區分中國和日本的不同，並能充分體認日本文化的精緻性格。日本的島國文化，似乎帶來一種與母文化中國大陸不曾有過、或極其稀少的純淨和透明。我的觀點是一個對地理有濃厚興趣的人的觀點，我相信兩個文化分歧發展的主要原因，來自於他們對疆域、對空間本質的處理方法不同。

我第一次去日本時，十分著迷日本生活空間之狹小，必須做最大的使用，使得這國家每樣東西都強調透明度。日本是一個米紙國家，連房屋的牆壁也大量用米紙，因此邊界看起來總是有點輕巧、模糊如霧，如同空氣建造似的。在疆域內有數不清的劃線、階級、領域，然而其界限全都是透明的。

法國作家圖尼耶[1]在他幾本書中比較過加拿大和日本，一個地廣人稀和一個地狹人稠的國家。在我心中，這點不同造成許多後果：日本人居住在手帕般大小的公寓，意味著他們必須自行創造內在空間、寓無窮於有限。而加拿大由於可用的空間既完整又明顯，即使我們有創造內在空間的潛力，也因為我們的條件、我們的空間比例，而無從發揮了。

當我和東京巨蛋劇場的日本演員工作時，我觀察到：在西方，排練時，我們會和演員在休息時彼此聊天、玩樂打鬧；但是對日本演員來說，這樣做簡直等於冒犯他們。所有演員在排練場都有他們自己的私人位置，休息時他們就回到那位置上。一開始他們很有禮貌，但縱使他們很有禮貌你還是注意得到：你正在剝奪他們的私人時間，這時間他們寧願和自己相處。

你也看得到，日本演員表演時被他們內在的語彙所規範。這是舞踏的基本精神（靈感脫胎於原爆受害者），富有詩意地活化了遲滯的、

1　Michel Tournier，1924年出生於巴黎，小說家，也寫短文、詩歌、旅遊書。

敗壞、死亡的身體。他們打從訓練起便學習發展一系列發展內在意象的能力：瀑布在膝蓋、流雲在手臂……。舞踏表演者創造一極端緊密的小宇宙，小宇宙越豐富、越多彩，營造的詩意越大，身體動作越好。結果，不論舞踏或劇場，他們的熱情都投注於專注內在。你從外面看來永遠微妙無窮。你看到的不是情緒本身，而是情緒的軌跡。

西方人傾向於揭露每一件事，投擲自己對抗牆壁以顯示激情，在日本他們只呈現軌跡，好像他們的畫一樣，他們的藝術是把軌跡留在紙上。日本人僅透露足夠你想像、建立內在詩意風景的部分，效果卻更加有力量。

漸漸你感覺到，他們需要在日復一日的生活中自我撤退。譬如，東京地鐵雇人用大棍棒把乘客壓擠進車內，你我第一反應會是震驚、受壓迫、不舒服，但這裡的人以很大的耐心忍受它，既沒有高喊也沒有驚慌，他們瞭解壓縮的需要，所以他們只做了一件事：壓縮自己。他們不會像很多人一樣情緒爆發，譬如在巴黎地鐵。這裡幾乎每個人都是內爆的。我相當欽佩這點。我想你必須親自去日本才能瞭解他們空間的壓迫感，已經滲透入他們整個文化，滲透入劇場，甚至園藝造景之中。

荷：你不會覺得這種缺乏空間令人感到壓迫嗎？

羅：你會這麼認為，事實不然。你將開始理解他們怎樣代之以精確的形式配置空間，藉由姿勢、物體、衣服等，緊密編碼。符號學家羅蘭巴特（Roland Barthes）在他的書《符號禪意東洋風》（*L'empire des signes*）中曾敘述符號的重要性，把日本文化空間的運用歸結得很好。

對居住日本的西方人士來說，最困難的地方是他很容易被日本各

式各樣的符號所打敗。招呼、介紹、禮物……，樣樣都有象徵。加拿大航空有次爲他們一張公關照片道歉，因爲那上面一群穿和服的年輕女人把和服穿反了──和服扣反方向，表示穿者爲死人[2]。

　　我的看法是，日本人對空間組織有最精準的規則。組織原則是：大幅移除壓迫空間以創造最大的使用空間。你經常看到空無一物的空間、廟宇、禪風花園、劇院。空無一物的空間並不存在於日常生活。在這世界上，有太多東西被建造和佔據空間；而空的空間，名副其實完全沒有任何東西的空間，事實上才是完全的空間。這就是爲什麼日本人可以面對禪風花園沉思，少許空的空間有助於人們投入他們的內在空間；還有欣賞能劇時，也能讓他們獲得很大的樂趣，能劇舞台完全是裸的、空的。

荷：你提到劇場，但我們還沒談到多少日本藝術呢。許多西方藝術家到日本展現他們的作品，但很少日本藝術家到加拿大來。作爲一個經常到日本工作的西方人，你如何看待日本藝術絕少出口的理由？

羅：再一次，我認爲這跟他們透明的觀念有關。透明使日本人大量累積事物而仍能穿透這些。日本文化密度之大，足以使他們毫無困難吸收其他文化，就像一片紙滑入一疊紙中間。

　　每個星期天，在東京接近代代木公園街上的一個搖滾舞台，有容納所有形式的表演在上面進行。有許多貓王艾維斯、瑪麗蓮夢露、齊伯林飛船[3]，他們以非常不同於我們的方式過濾音樂。我們的貓王演員會盡其所能重現那位萬世巨星，然而他們不是這樣做。日本人扮的貓王，僅以其外表判斷，不可能是美國那個貓王，不過卻是日本風格的貓王，他們給予貓王一種日本性格。他們並不模仿西方，而是轉化西方。

2　正確的和服穿法是左搭右襟領，右搭左襟領是死人的穿法，即往生穿的壽衣。
3　Led Zeppelins，成立於1968年的英國搖滾樂團，在硬搖滾和重金屬音樂發展史上有相當重要的鼻祖地位。

一層層重疊加上去的原則，創造了一種「披薩」式的工作方法。特別在當代劇場，劇團總有非常巴洛克的一面，因而產生怪異的效果。

要他們在布拉姆斯（Brahms）的音樂伴奏下扮演日本武士，或在同一部戲裡混合完全不同的技術，都不成問題。很顯然的，當他們要搬到國外工作就會產生一整組的問題。當然，日幣到目前還很強勢也是個事實，因此，若有製作要從大阪的國立文樂劇場[4]移到國外巡迴演出的話，那將會規模龐大且花費過鉅。但主要原因還是因為其工作流程令人費解地複雜，很難適應國際藝術節，同時也讓有心的國際藝術經紀商感到頭痛。

我在東京導演《暴風雨》時，有人告訴我這個角色要由歌舞妓（kabuki）演員擔綱，那個角色要由能劇演員演出，另一個角色要由西方風格的演員來演。知名日本導演蜷川幸雄（Ninagawa）也曾製作過類似的大型演出，外表看似簡單的形式之內，其實引用相當複雜多樣的形式。在他的《暴風雨》中，所有演員以一種好萊塢史詩片的風格，在純粹受到能劇啓發舞台上表演。

日本人或許不大理解敘事本身和敘事的儀式，但絕對不會因為台上同時混合多種演出風格的演員而感到不妥。在西方劇場，成功通常是由於天衣無縫的搭配，形成完美的整體感；然而在日本，整體風格和個別的表演風格不一定要吻合，可以從分歧、不同風格的相遇和震撼中發現豐富感。這點很像日本社會：整體是無羈的，其中包含複雜多樣的符號。

對西方觀眾來說，一下子面對這麼多不同符號則是困難的。山海塾（Sankai Juku）演出的舞踏之所以能享譽國際，可能是因為國際舞蹈界對不同的語彙抱持較為開放的程度，接受很抽象的東西。

4　Bunrak，文樂，日本四大傳統戲曲之一，為偶劇形式。2003年聯合國教科文組織批准為世界遺產。

雖然他的第一個獨角戲《文西》內容主要關注在義大利文藝復興,但勒帕吉已表現出他對東方事物的
嗜好:這張照片中他的領帶上寫著「神風」,對這齣戲的「自殺」主題,表現一種奇異的回應。
(Claudel Huot 攝)

荷：你現在的作品包含越來越多的媒介，也因而吸收更多符號在內。例如《太田川的七條支流》，包含了影像、歌唱、中國的書法、歌劇，演員也來自各種不同背景，包括一位歌劇演唱家。這是否受日本影響所致？

羅：沒錯。假如我沒去過日本，我一點兒也沒想到這麼做，至少不會做到這種程度。這也是我和我的劇團越來越有興趣探索的方向。我們的工作使我們固定飛日本，日本觀眾對我們來說也是很重要的，這也使得我們的旅行變得更有價值。

　　我想跟CNN造成的地球村有關，我們幾乎可以即刻知道地球村裡某一個人發生什麼事。地球村的世界，是我們向外借用越來越多文化之間的連結，也越來越緊密的世界。我們必須朝向更多疊加、更多整合的方向。

荷：即使出口困難，日本文化不也影響了西方文化，就像它影響你的戲劇一樣？

羅：是的，但我們並沒有真正承認或理解這點。日本迂迴地擠進我們的文化，他們不像美國，並沒有強勢進入我們。歷史上，西方文化總想要置入自己，特別是透過基督教的對話。日本才不甩這套。當葡萄牙耶穌會士變得太堅持的時候，日本便驅逐他們，並因此對西方關閉大門達兩世紀之久。但用不著強迫，佛教和禪宗就對我們產生極大影響。我有很多朋友轉信佛教，也讓日本哲學融入他們的生活，自然而然，完全不必透過什麼契約和交易。

　　除精神領域之外，日本也在物質上轉化我們的生活，透過微型化

和電晶體，過渡他們的價值給西方。不管我們有沒有注意到，日本對我們的影響滲入日常生活中。想想我們的電腦，其中的解密法類似日本語的基本解密法，電腦晶片代表一種將最大量資訊盡可能寫入最細小空間的努力，這也是種日本思維的書寫。

日本式的組織法、日本式的想像，甚至日本式社會，都跟我們適應的技術方法十分接近，不過，這是個雞生蛋蛋生雞的問題，不知是日本思想導致工藝世界變成今天這樣，還是工藝世界的崛起導致我們越來越朝日本接近？

歸鄉

羅：通常當我們設法尋求未知時，即代表我們結束對已知部分的發掘。假設一個說法語的魁北克人不會講義大利語，當他迷失在威尼斯，他覺得他與一起來的英語區加拿大人有很多共同點。首先我們覺得跟英語區加拿大人毫無共同處，但當一起置身於外國環境，我們突然發覺我們都是加拿大人。我們有很多共享的部分。

　　旅行，不斷發現另外的世界，另外的文化，反而可以提醒我們這點。當我跟一個瑞典演員說話時，我很驚奇發現我一直在說：「當然，在我們美洲怎樣怎樣……」但天曉得，我通常認為我跟美國人的差別有十萬八千里呢！相反的，當我身在巴黎的時候，我常覺得自己幾乎是個歐洲人。

　　我們在探索其他文化時產生的著迷，通常帶來我們對自己文化的發現。要求一個住中國的魁北克人定義魁北克，他會很樂於回答，並且比一個從未離開過魁北克的人要定義得恰當。

　　對我而言，我不可能不出國學習、不有所累積，就能在魁北克家鄉建立我的劇團。人們常以為在國立劇場學校或職業劇校讀三年書，就可以使你成為導演或演員什麼的。學生們相信，一旦他們擁有學位資格就可以正式進入劇場工作，其實沒那麼簡單。學校只是幫助你累積經驗的地方，上過課的人領先沒上過課的人，如此而已。但劇場是更巨大的東西，其需要遠超過如此。

　　我旅行的渴望不只是流浪癖作祟而已，我一直渴望去看一看歐洲劇場、亞洲的劇場、非洲的劇場，去展示我所做的東西，比較彼此的方法，諸如此類。

　　這些年我在出國巡迴的經歷豐富了我，以及我所屬的劇團的工作，但我們因此保留更深刻的魁北克性格。這也是我回到魁北克省（更精確地說是魁北克市）的動機。這個地方孕育我、啓發我，就像蒙

特婁普列托地區對劇作家米謝・特罕布拉[1]的啓發一樣，魁北克對我來說，也是讓我想探觸世界其餘地方的出發之地。

在魁北克劇場界，我們稱爲國家級劇院的魁北克市的三叉戟劇院（Trident）、新世界劇院（Théâtre du Nouveau Monde）、蒙特婁的尙・德賽伯劇團（Compagnie Jean Duceppe），甚至在渥太華的國家藝術中心法語劇場，都對世界劇壇正在發生什麼接觸甚少。這些都是很地方性的機構。

藉著魁北克市創造一個小中心點，我可以連結彼得・蓋布瑞爾眞實世界唱片公司（Peter Gabriel's Real World company）、斯德哥爾摩的皇家戲劇院（Dramaten）、倫敦國立皇家劇院，甚至是任何國際劇場界最有趣的地方，我可以因此拓寬眼界。

在歐洲有一種健康的平衡，使得像彼得・布魯克（Peter Brook）這樣一個英國人，可以前往巴黎北邊的北布費劇院（Bouffes du Nord theatre）演出，而從全世界各地方訂票，還有美國人羅伯・威爾森（Robert Wilson）的戲大部分在德國演出和製作。我們在魁北克就是無法做到這樣，我們還沒到達那境界。但是我們必須開始邀請魁北克以外地區的藝術家，正如我們魁北克藝術家被其他地方邀請一樣。我們的傳統反映出我們魁北克人對文化的保護主義，使得我們有一點點排外，我們需要跨越這種心態。

在魁北克，似乎大聲嚷嚷自己是多麼能幹、多麼聰明，爲唯一吸引人、被賞識的方法。問題出在我們這社會沒有歷史包袱，認同的強烈需要使得我們必須自我批判。譬如，阿坎德[2]在他的觀點中質疑：「魁北克沒有在任何一個領域表現得出類拔萃[3]」時，讓很多人聽起來刺耳，但他說這是我們必須面對的核心事實。如果你在法國說同樣的事，它不會引起太多騷動，因爲法國人有足夠的自信接受這種批評。

1　Michel Tremblay，1942生於年蒙特婁的法語劇作家，也寫小說，他的作品忠實呈現其生長地區貧窮工人階級的語言和思想。

2　Denys Arcand，加拿大法語知名電影導演、演員、編劇，自編自導《老爸的單程車票》（The Barbarian Invasions）曾獲2004年奧斯卡金像獎最佳外語片，和第29屆法國電影凱撒獎。

3　原註：翻譯自Michel Coulombe, *Denys Arcand: la vraie nature du cinéaste*, Boréal, Montreal, 1993, p.120。

　　我遇到阿坎德的時候，暢談關於魁北克藝術家和魁北克文化，我們有類似的批評。而在其他事情上，如世代差異、和魁北克的關係上，我們有更多的差異。但是我們可以開放討論所有的想法，這是批評別人和自我批評的健康做法，然而在魁北克社會中卻不常見。

　　魁北克人不願承認他們實際上有多麼多元。費南多‧阿拉巴爾[4]從不否認他西班牙的根源，但他仍譴責他熬過許多年的法西斯政權。西班牙不只有法西斯主義，就像魁北克不只有民族獨立運動或君主政權。這些想法目前在魁北克很流行，但不代表它們可以定義魁北克。

　　很難讓魁北克人去面對這些地方省份不能代表多數的事實，更別說去釐清當今世界意象到底為何這件事了。魁北克人永遠根據加拿大英語區、美國、法國，或我們不喜歡承認的英國，定義我們自己。除了這些國家以外的世界，對我們來說，根本是一片漆黑。

　　譬如，魁北克完全不認識德國文化，這個國家的文化是瞭解二十世紀的基石。而我自己也是這樣，直到我被邀請到德國慕尼黑演出，以及在澳洲欣賞到德國文豪席勒（Schiller）的幾齣名劇，事情才有所改觀。

　　我們必須瞭解，我們是以如此有限的方式定義自己，這是需要改變的。然而民族獨立運動的風潮將我們引至另一方向。我們通常以告訴自己我們是最好的、我們是最聰明的，來肯定自己。是的，我們必須認識自己的力量，但也應該了解自己的弱點，和學習怎樣克服它。

　　在國外我會比在國內更想談民族獨立運動，因為論述脈絡是不同的。例如有一次我在巴黎，聽到前魁北克主席帕奇茲（Jacques Parizeau）在一場演講中，定義民族獨立運動是為了步向世界，為了現代魁北克已準備向世界開放自己。在多倫多另一場聰明的演講，他以毫無瑕疵的英語在加拿大俱樂部演說，談到現代國家的成熟，並再

4　Fernando Arrabal，生於1932年，西班牙劇作家、小說、詩人、電影導演，西班牙內戰時流亡，從此定居法國。

一次提到開放性。但同一時間在家鄉魁北克，我們卻聽到人們談論著保護語言、司法權等非常狹隘的事情。

我對這一切只是有點不明白。當我聽到人們談國際主義，我說：「讓我們去做吧！」但他們不過偶一為之。我不是缺乏熱情，我只是有點迷惑。

很多民族獨立運動分子瞭解，我們置身於英語大陸中的法語區的潛在力量。這力量端賴我們對世界其他地方有多麼開放我們自己。另一位前總理雷奈·雷弗斯克（René Lévesque），他曾環遊世界並看到其他地方發生什麼事，他的做法也和帕奇茲一樣，他說的英語比他的前政治對手、支持聯邦主義的布哈薩（Robert Bourassa）還好。這群人中的少數是值得尊敬的，但民族獨立運動主義者的基本教義派，像魁團黨[5]那些即使在下議院發言都拒絕用英語的人，我不認為他們會開放到哪裡去。

拒絕說英語就像拒絕共通語言一樣，這種語言使日本人得以和瑞典人、德國人和拉丁美洲人之間得以溝通。我知道英語文化對魁北克的侵入激怒了很多人，但我們必須從這受限的觀點中提升和超越。

我在往紐約的飛機上遇見碧索奈特（Lise Bissonnette），那時她剛擔任蒙特婁日報《義務》（Le Devoir）編輯，而我正要去紐約發表我的戲劇《測謊器》其中一個版本，這版本三分之二用英語，三分之一用法語。她則要去紐約做一個關於魁北克文化的演講。我問她要用什麼語言去做這場演講？她回答，應該是英語吧。所以問題很簡單：一場英語演講和一個三分之一用法語的演出，哪一個比較能表達法語在魁北克文化中的重要性？

我覺得人們並不瞭解我們以三分之二法語，在倫敦演出《龍之三部曲》整整一個月的紀錄的真正重要性。它沒有字幕，也沒有即時翻

5　Bloc Quebeccois，簡稱QB，成立於1990，加拿大聯邦第二大反對黨，主張魁北克獨立。

譯，而人們依然記得這場演出。它甚至成為劇場世界的參考點。難道你不認為這種演出所帶來的強烈衝擊，讓人們更瞭解魁北克？可是，若某人在法語劇中講英語就會被解釋為聯邦分子或親加拿大黨人，這完全是愚蠢的。

　　我發現我的感受被強烈撕裂，如同國內的情形一般。從理性上，一方面我相信我們是不同的，應該維護和發展我們自己的文化；另一方面，那些民族獨立運動使得人們變得如此自我封閉，這又是我極端厭惡的。

荷：魁北克藝術家對世界採取的態度產生什麼樣的效應？

羅：立刻浮上我心頭的想法是：在魁北克，人們對劇場並沒有真正的了解。很多演員不想跟我們巡迴，不預備配合我們的步調工作。當我在國家藝術中心法語劇院擔任藝術導演時，連要求演員去渥太華演出都相當困難。他們說家有妻小啦，渥太華太遠啦，不夠有趣啦……等。

　　一個演員成為莎劇連演或《太田川的七條支流》計畫中一員的必要條件，是隨時可上陣，敢於承受困難的工作，處理超出他們部分的角色。加紐（Jacques-Henri Gagnon）是我在莎劇連演中第一個普洛斯彼羅[6]。他驅策自己去做對他來說非常費力的工作。他得自己換幕，這時他發現自己的膝蓋已經受傷，同時又在非常嚴苛的巡迴行程當中。但他做得非常好，他最後離開，是因為劇組的要求真的超過他身體負荷。

　　藍居漢（Jacques Languirand）是後來接替他的演員，也同意接受挑戰，在很短的時間內背完一大堆台詞，在很艱困的條件下工作，特別對他這個年紀的人來說。像拉伯赫須（Marc Labrèche）接替我在

6　Prospero，《暴風雨》主要角色，被放逐的國王和法力無邊的魔法師。

電影《告解室》的拍攝現場。（Véro Boncompagni 攝）

《針頭與鴉片》的角色。他有所犧牲，他必須拒絕一項工作以配合我們巡迴，但像這樣願意迎接未知挑戰的人，畢竟絕非多數。

相反地，一些演員在一次定額的工作之後就離開我們，只因他們比較喜歡在老家蒙特婁工作。我不喜歡和無法做長期承諾的人工作。演員總是說他們害怕被自己的城市忘記，說他們害怕他們將不能參加其他的試鏡，或者他們還有什麼電視演出等著他們。為什麼他們不跟我們一起去巡迴世界，看看他們可以為自己開創什麼樣的生涯？依我看來，問題出在魁北克藝術家對世界旅行很少感興趣，他們看不出來，去日本或去德國對他們有什麼好處。

我想在魁北克，劇場還缺乏足夠的威望鼓勵人們為它犧牲，並認為去其他城市或國家表演是有價值的。但是這種威望存在於其他地方。位於魁北克，由尚—瑪莉・赫米耶赫（Jean-Marie Lemieux）領導的Théâtre du Bois de Coulonge，那是一個曾有這種威望的夏日劇場，能讓演員願意離開他們的城市前往那裡演出。但這種事如今不知怎地消失了。

我們可以為魁北克演員做辯護：他們有帳單要付，當然，就像其他人一樣。一檔電視影集，或像蒙特婁的尚・德賽伯劇團這種已具規模的劇團，他們付的酬勞比巡迴或在一個小劇團工作要多得多。通常決定性的因素很簡單，就是錢。假如劇場付得多一點，這問題可能會自動修正一點。

說了這些以後，我原則上仍然相信，瑣碎是我們在魁北克必須對抗的。我對抗我父母那一代的瑣碎，這國家的瑣碎，還有我選擇居住的這座城市的瑣碎。民族獨立運動者試圖推銷給我們的魁北克形象是狹隘的，雖然他們並不想這樣。

我相信他們鼓吹的事，但我們必須理解，以全球為規模來看，它

並不代表一件大事。我們必須讓魁北克人知道世界其他地方發生什麼，向他們展示作為整體提供的世界是什麼模樣。我們可以抱怨瑣碎，但我們仍必須起而面對它。

返回家鄉

1994年9月22日

柏恩飯店，斯德哥爾摩

羅：魁北克人以他們不是什麼來定義自己，也就是說我們從否定面定義自己，如同我們流行用詞：「還可以更糟」、「我做得沒太壞」、「不壞嘛」，全是否定句。魁北克媒體也流行此道，譬如，所有來訪問我的人都圍繞著相同的問題：「一般人這樣說你……」、「難道你沒有感到困難關於……」、「你這樣做難道不因為……」即使在你提出這本書的計畫時，你問的問題也循此模式，有幾個問題是你查閱人們從我的作品中遺漏理解什麼，還有我又克服了哪些難題。

荷：難道這本書不是提供你一個機會抽絲剝繭，更準確釐清你所想的是什麼嗎？

羅：這是你的想法。我們終於逼近事情的核心了，但一開始我們往往得從負面著手。我們經常碰到天花亂墜的宣傳，碰到贗假的東西，還有我在魁北克聽到的所有討論。當我去德國，他們也訪問我和我的劇作，他們談的都是這作品的衝擊性是什麼。他們問我的計畫，而非我對這個或那個批評做如何想法。那種從負面趨近事物的方式，是典型魁北

克式的。當然，這也包括了我自己現在在做的這番批評。

荷：對啊，你的方法回答了「其他地方，他們不像這樣」。

羅：人們總是談論我面對的困難，說我的作品被人理解得這麼少，但他們幾乎不談作品本身。依照這種規則，我的作品就是以這種方式聞名魁北克。這也是為什麼我們如此深深為明星生活而著迷的原因：這是我們的文化。我們喜歡藉由歷經某種創傷和不幸的明星獲得自我認同。人們很少從群眾中站出來，一旦這麼做，就會成為長久的焦點。

三年前我們在蒙特婁演出《針頭與鴉片》，我們選在Nouvelle Compagnie Théâtrale，因為這是唯一接受我們的劇院，也完全沒有造勢。大量製造的新聞報導不需要我對記者發出一個字，報導就完成了。

大約那時，我接受丹尼斯·彭巴赫迪耶（Denise Bombardier）在加拿大公共電視（CBC）的一個節目「激情理由」（Raison-Passion）的專訪，這是我之前就答應的，卻被擱置了好長一段時間，因為我害怕被放在一個盒子裡，然後花整個鐘頭在電視上談論我的錯誤和我遇到什麼困難。但是她向我保證她不會像訪問政治家所做的那樣，將藝術家逼入絕境。當一切就緒，我們做了一次不尋常的訪談，到現在人們仍舊會提到，非常明智清晰，不過你可能不認可吧。

荷：但魁北克仍然是你的作品最為人熟知的地方是嗎？

羅：不，現在我在魁北克以外的地方比較有名。依據統計，我的演出被欣賞得最多的地方在倫敦，這不只從售票數字來看，也從影響力上來說，而得到這個結論。

荷：雖然如此，你與魁北克有長期持續的聯繫。

羅：是的，我和我家鄉的關聯確實藉此而具體化。但無論如何，我相信在
　　魁北克劇場是什麼，還有文化上它代表什麼，一定還有什麼可以做
　　的。或許我的作品在魁北克並沒有造成在國外那樣大的衝擊，也說不
　　定其他國家的人對我的作品比較有感覺。我不確定我能對這點做什
　　麼；不過如果這是真的，這是不是一個很大的問題呢？

字彙

羅：劇場字彙在不同語言之間的差別，揭露不同的文化邏輯。日本劇場舞台的無限，幾乎是空無，解釋了很多日本文化特質、日本人的想像力，和他們的文化對空間的禮儀性的看重。

當我在其他國家工作時，我總是試著適應調整我自己進入實際狀況。這是跨國工作的首要挑戰：比較做法、比較觀念，然後不論溫和或嚴厲地，去發現讓我們爲所欲爲的通則。

表演者 | Acteur, Schauspieler, Player

清楚區分演員和表演者是很重要的。法文傾向稱影片演員爲acteur，舞台劇演員爲comédien。在英文和德文中，演員（player, Schauspieler）這個字含有遊戲的人的意思，從字面上來說，意即表現他的戲耍或戲弄的人。雖然我個人以爲，在舞台上我們看演員「行動」的成分，往往比看他「遊戲」的成分要多。

遊戲這概念也適用於劇場作品本身，也就是劇本；例如一般德文稱「一齣戲」爲ein Stück，一齣改編自《暴風雨》的戲叫Sturmspiel，即暴風雨的遊戲；《夢幻劇》的瑞典原始標題叫Ett Drömspel，包含夢的戲劇和夢的遊戲雙重意思。所以戲劇的基礎概念奏效了：言外之意爲運動和遊戲。

我們玩橋牌和曲棍球時，我們會問一共需要多少人？對劇場工作來說也是一樣的。在法文裡面，我們會說是acteur，comédien或une piece de théâtre，其中遊戲的面向顯然少得多。法文會稱一位演員的演出爲le jeu d'un acteur，但其中遊戲的意涵則較少被強調。

有時字彙上的歧異並不一定反映現狀。德國演員並不因爲演員"schauspieler"這個字，而把焦點放在遊戲上。但你可以察覺到一些

非常重要的東西在命名上。對我來說，藉由在劇場上競賽、運動、遊戲，我重新拾回戲劇這個字中，「戲」也就是遊戲的概念。當我們看著血肉之軀走上舞台，藉由戲劇，變成神或天使，則是超越的目標。

同樣地，當我們看舞蹈時，我們也在欣賞舞者身體的訓練。他們延展超越人類極限的身體以展現意念，他們的身體是劇場物件，代表超越的意念。由他們肌肉構築定義，身體強化著如化妝在演員臉上強化的東西。透過身體的真實性，我們得以認知偉大的主題，並顯示其要旨。

《龍之三部曲》裡面珂特飾演的一名修女，她用基督教義解釋毛澤東的想法，並因此陷入狂喜當中。她的言語飛揚，也用身體給人飛翔的印象，她在腳踏車上極不穩的位置上維持平衡，讓我們突然間置身馬戲團，但並不與她飛翔的抒情詩意相衝突抵銷，而是馬戲的印象增強了她的語言。無需太多深奧的思考，透過遊戲變形轉化，想法自然而然泉湧上來。一個人類飛走，另一個人類超越死亡，終究我們會發現人性往往多過於神性。

觀眾和觀看者 | Audience and Spectateurs

再一次，我們說觀眾（audience）和觀看者（les spectateurs）是不一樣的。說法語的人和義大利人是去看一場秀，英國人或廣義上說英語的人，主要聚焦於字眼、聲音、劇場音樂上。英國觀眾真的是來聽我們的。他們把語言看得很神聖，他們發現隱藏於語言中的語言。也許這就是為什麼加拿大英語區的寫作和編劇，會如此興盛的緣故。

魁北克人的長處較傾向於導演、虛構、創造想像，某些英語區加拿大人也有這種特殊才能，顯然他們大都屬於魁北克藝術家。這顯出

加拿大文化中有一個很重要的分野。我不想再複述這陳腔濫調，寧可集中注意力在這種文化的建立，和它如何以特殊的方式與世界聯繫。

導演 | Director, Metteur en scène, Regissör

同樣的觀念可適用於官方的想法。在獨裁主義政權或君主統治的國家，你會很常聽到這個斯堪地那維亞語系的Regissör或日爾曼語系的Regisseur，雖然它是導演之意，但也兼有統籌、管理和立法的意涵。它不會得到和metteur en scène（字面上爲放東西在舞台上的人）相同的迴響，後者給人的印象較近於職員而非導演。法國劇場的經理（régisseur）和英國劇場的舞台經理（manager）也有所不同。他們的角色不同，行使權威的層次和藝術上的貢獻也不同。

在德國劇場，導演要負責絕大部分的責任，因爲他的領導地位是絕對的。這幾乎是我們在魁北克不曾見過的極權主義。假使你不用這種方式導演，你在那裡幾乎無法進行工作。一位與我合作的德國演員解釋這並非法西斯特質的反映，根據他的說法，這正好相反，經歷太多次被領袖牽著鼻子走，德國人決定在政治上永遠不再發生這種事，所以他們把這種被領導的需要昇華到其他領域，如劇場、教育等等。今日德國政客都是優秀的官僚而非偉大的領袖。但是在劇場、電影、歌劇界，卻遵循著「告訴我怎麼做」、「推我一把」的原則。

這種權威態度完全跟我的工作習慣對立。當我在慕尼黑時，我從不想接任這樣的角色，但第一天排練的時候，我發現每個人都站在附近等我發號施令。隨著排演開始沒多久，我告訴我的助導：「他們希望我吼他們！」我不認爲對演員吼叫是對的，所以我的助導代替我做這件事。

　　這種權威的動力平衡背後，似乎隱藏著一種急欲改進的慾望的變形，有時，我們需要父母的權威指導和矯正我們一點點兒。德國演員基本上都認為：「有必要的話，你可以侮辱我，但要指導我。」這實在是個大挑戰。

　　也許事實真有點關聯，像魁北克劇場的製作方式民主得多了，然而相對的，我們在政治上就希望一個強勢領導者，或至少我們期待一個父親形象的政治家。想想皮耶—艾略特・杜托[1]與我們魁北克人的關係吧：大概每個人都恨他，但我們全都追隨他。

　　雖然如此，德國產生了非凡的劇場。他們的工作系統很棒，只是我適應不良，以至於我的助理菲利普・索勒德維拉負責協調我大部分的預定，當他看到我這麼多困難後，擅自替我取消幾月後行程中東京巨蛋的導演工作。他害怕還有另一個高度組織化、非常服從權威的國家，會讓我經歷同樣的問題。他跟我說：「你太軟弱以至於不能堅持主張，也不能保證同樣的事不會再發生一遍。」同時他擔心我兩年內想做一大堆事情，還經常到處旅行，這樣下去我能做出什麼成果呢？但我已預感到情況將會不同。果然，後來的事進行得無比順利。

　　你很容易發現自己在某個地方折磨自己，好像我在德國一樣。作為一名導演，一位創作者，你必須經常提醒自己的不足，並且面對它。你的天才被召喚，假如你有弱點，在你多年工作生涯中你一直將之隱藏起來，有一天它會突然爆發。在日本，相當對比的是，人們極端尊重你的工作方式，非常恭順，很多在慕尼黑發生的事在日本從沒發生過。

　　最好的方法很可能是介於這兩種極端之間，這就是為什麼我在斯德哥爾摩的工作進行得如此順利。有時候我遇到困難，像我在德國一樣，但這裡的人也非常尊重人。這是兩種世界中最好的一個，我想會

1　　Pierre-Elliott Trudeau，1919-2000，曾於1968-1979以及1980-1984擔任加拿大總理。

產生很棒、令人驚喜的製作，只要最後幾天所有的片段能到位，這齣戲就會起飛。

舞台設計 | Macchinista, Scénographe, Décorateur, Set designer

舞台設計（Scénographe）和場景設計（Décorateur）、佈景設計師（Set designer）在觀念上有很大的不同。一位設計師的責任包括概念發想和建築，場景設計的責任僅止於如何裝飾和設置舞台。舞台設計這個字包含空間組織的概念。在義大利他們更喜歡稱之為機關設計（Macchinista）。

義大利的劇場機關非常有名，他們的史卡拉歌劇院[2]是世上最美的，她看起來像一艘巨大的船，有帆、有索、有滑輪，還有陷阱活門和機關佈置，是一件複雜的工程作品，對往後的舞台概念影響甚深。

思 | Thought

對西方人來說，思想僅限於頭部；在日本，心才是驅動思想的力量。「思」這個字是個會意字：田在上，心在下，就像心田滋育、幫助一個想法自其中萌生。這形象非常接近這幾年我所說的心思（the intelligence of the heart）。

當我和演員工作，我告訴他們必須使用情緒和理解力，兩者結合產生直覺，這就是我所說的「思」。西方文化傾向將之一分為二，認為情緒和理智是分開存在的。對日本演員，相當不同地，不需要特別解釋就把二者合而為一，很顯然這就是他們的工作方式；另外也很顯然的，在他們的文字裡，心的寫法和思想的寫法事實上根本是一樣的。

2　La Scala's，十八世紀建於米蘭，至今仍是最有名的歌劇院。

光和影 | Shadow and light

　　當我們在日本工作時，瑪莉‧巴薩認識東京巨蛋裡的一名職員，她問他是否願意擔任演出。他是一個技術人員，他回答：他是在這個製作團隊的影子面工作的人。他真是使用了一個詩意的意象！

　　在日本，你是在光的那一面或影的那一面，在現實的那一面或夢的那一面工作。這也說明了他們劇場觀和他們的表演方法。日本的道家觀點使他們瞭解劇場除了光明面，也有陰暗面。換句話說，他們瞭解劇場的全部。他們知道運作升降幕、翼幕、控制室等等這些部分，在整體組織的層次上，重要性不亞於舞台上發生的事情，反映著同一件事的兩面。

　　西方劇場所有事被以不同的方式分割，例如我們法文說côté cour[3]或côté jardin[4]，英文說的左舞台或右舞台。前一個例子，一種詩意的對比被突顯出來：一邊是法院、文明、秩序，另一邊是花園、自然、逃逸。更枯燥一點來說，這想法基於入口和出口這個原則，對所有的劇場來說這都是對的，但漸漸失去原始意義的深度。

　　英國的例子很有趣，因為舞台設計的左右和觀眾看的左右正好相反。一個世界翻過來看，左右對調，讓我們看到鏡像，就像劇場的存在一樣。

3　　法院這一邊，即左舞台。
4　　花園這一邊，即右舞台。

附錄：
我，我們，你們 | I, We, You

　　在我們的對談中，羅伯‧勒帕吉對字眼的選擇挺引人入勝。當我們談他的作品，即使談的是他的獨角戲（這種戲中他通常表現極個人的題材），他傾向以第一人稱多數「我們」來敘述創作過程，或另一個集合式代名詞「你們」，來強調他創作工程中的集體部分。

　　另一方面，當他敘述他在東京巨蛋或斯德哥爾摩的工作時，他用「我」洩漏在他海外工作單獨且孤獨的艱苦。他面對不同的思考和行為方式，類似以一個人的身分去經驗外國文化。這時，「我們」就會具體化為其他人的一種稱謂法。

　　一般而言，正是個人創造者，會偏好用第一人稱多數作為集體庇護，以反擊大眾對他的特別注目。在談話間，他如此頻繁地使用「我們」，至少比「我」還頻繁得多。唯一的例外是當勒帕吉談到他的家人；或許讀者可以這樣想，當他反應他存在的混沌時，他完全承認那完全是他自己。

Mythology

神話篇

當天才召喚

尚‧考克多希望大眾化「天才」這個字眼──如此被不正確地浪漫化──若有人像斯湯達爾[1]一樣知道如何向步下豪華大馬車的女公爵獻媚，就可以稱之為天才。相反地……

米謝‧圖尼耶，譯自《鑰匙與鎖》（*Des clefs et des serrures*）

當你批評羅伯‧勒帕吉，或稱讚他身為演員或導演的任一種才能時，他完全不會受到影響，還謹慎地嘗試轉移話題。譬如，1994年9月，我們在斯德哥爾摩對談，當我發表對他無法挑剔的舞台表演的感想時，他卻開始轉而冗長地討論起他魁北克戲劇學校所受的身體訓練，那幾乎是不牽涉個人面的一個議題。雖然不可否認地，當他看到自己的作品引起如雷的掌聲和喝采時，應該會覺得驕傲，但無疑他從不讓自己被讚譽洪流所沖昏，即使那是他世界巡迴所贏來。

任何人在這時刻都會用「天才」來形容他，這使得勒帕吉相當不自在。當然，造成天才的秘密有種不可捉摸性存在。在他自己的作品中也曾描繪過幾位傑出人物的生平，譬如畢卡索、斯特拉溫斯基（Stravinsky）、愛因斯坦。心理學家加德納[2]也小心避免用這個詞，改稱作「創造性個人」（creative individual）[3]。

羅伯‧勒帕吉認同加德納的分類，但即使是對「特殊天才」（specific genius）這個字，他也比較接近於尚‧考克多前面所提到天才一詞的用法，而且經常出現在我們的對話裡，尤其是當談到關於導演和他集體創作者如何憑空創造時，這種不帶浪漫意味的用法更常出現。

1　Stendhal，1783-1842，法國小說家，著有《紅與黑》。

2　Howard Gardner，1943生，美國賓州人，1983年提出多元智能理論，認為人類的天份可表現在不同領域，如空間能力、領導能力、同理能力等等。

3　原註：見Howard Gardner, Creating Minds: An Anatomy of Creativity Seen Through the Lives of Freud, Einstein, Picasso, Stravinsky, Eliot, Graham and Gandhi, Basic Books, New York, 1993.

1994年9月21日

狄波洛馬餐廳，斯德哥爾摩

荷：要從文本或我們週遭的世界抽出意義，並不是件簡單的事。有些東西本來存在，但直到有人將它命名或給予意義才能讓人們注意到。你在抽取事物的意義上，是否有這種特別的天才？

羅：羅伯・勒帕吉沒有特別的天才。天才是種不一樣的東西。它像是一個禮物但從不眞正屬於任何一個人。我的職業單純只是我做的事情。譬如，愛因斯坦……

荷：是否愛因斯坦也認為他只是做他的工作——解決數學和物理問題而已？他問了一個新問題並發現一道前所未知的方程式。這不就是你在劇場所做的事情嗎？

羅：不盡然。我們所稱爲的天才，是譬如說某個人在徹夜思考後，突然在夢裡面得到解答，解決了一個超大的數學問題。但那不是我的工作做的事。我最感興趣的創作傾向於從荒謬開始，從一般認爲不值得在劇場發生的事情著手。

　　我們很容易說——無論一般之見或美感品味專家都認爲——你卓越的頭腦經過整夜工作之後，所有答案都豁然開朗；這不是眞的。答案必須在工作裡被發現，而非藏在你的腦子裡。它不是你的擁有物。

《龍之三部曲》至今仍是羅伯‧勒帕吉導演最成功的作品。它呈現東方和西方的相遇，透過加拿大中
國城的歲月，這齣戲顯露出深沉的儀式性，和捕捉日常生活的精華的能力。 （Claudel Huot 攝）

這時討論突然被轉移話題（這大部分歸於訪問者的錯）：為什麼天才這個詞如此頻繁被用來形容《龍之三部曲》的作者。勒帕吉覺得奇怪的是，為什麼那些嚴肅的劇評家和專欄作家「先是大聲疾呼天才，沒有多久又懷疑你是白癡？」然後藝術家就迷失在自我懷疑的交替情緒裡面。

回顧五月時我們做的那些訪談草稿，得以讓我們有機會對上述開始成形的想法有了更進一步的發展。所以我們終於達成一個天才的定義：它不在藝術家身上，不是一種存在的狀態，而是一個偶然的機會被逮住。一個類似「創造性的突破」（creative breakthrough），加德納視之為一個藝術家或思想家生涯中必要的里程碑。

羅：最後，天才必須懂得收斂。在評論家羅伯·雷弗斯克對蒙特婁導演吉爾·馬赫（Gilles Maheu）《醫生》（Le Dortoir）的評論文章裡寫道：老天爺曾經讓馬赫當過天才。我們都是天才的工具。在某種情況下，假如天才有幸眷顧我們，而我們的接收頻率剛好調整到對的頻道上，你也必須要有足夠的才能、足夠的聰明和直覺去召喚天才的駕臨。天才並非我們理所當然的繼承，而必須奮力去取獲。

荷：而這就是你說羅伯·勒帕吉沒有特殊天才的原因？

羅：假如有人摩擦我三遍，要我讓天才出現，說不定我真可以回答一些問題。假如天才是我創作的一部分，所有我們稱為天才的藝術家的作品，就會整齊劃一地優異。但天才造訪絕大部分靠的是運氣——可能一生只發生一次。什麼是經常邀請它回訪所需要的工作呢？它好像是

　　一種詩意的想像、一種非這樣觸及議題不可的方式，而且我愈來愈覺得事情就是這樣。

　　它是一個關於開放的問題。被天才眷顧，你必須懂得接受、保持你的耳目向外開放。我們通常在開始一個製作之前多少已有構想雛型，但你必須有心理準備，拋棄先見，放下自尊，以作品做優先考慮。有時大師之作會出現，只因導演或作家不那麼驕傲，眞正的藝術才有機會吹起勝利的號角。

　　曾有個時刻，在《太田川的七條支流》彩排期間，我對其中一個特殊場景有相當固執的想法，但是當其他的建議或做法顯然更好的時候，我還是得放下。爲了個人的理由、名氣或威望，我們往往希望能貫徹初衷而非屈服。但假使你必須永遠證明自己是對的，你就是替自己製造不幸。所以我學會與錯誤和失敗自在相處，因爲錯誤是必須的。

　　容許自己犯錯的能力，在深信不疑的初期放棄，不可避免包含懷疑，那是一種創作的原始狀態。人們會認爲你必須找到答案，其實你需要的是創造問題。我記得我遇到像大導演英格瑪・柏格曼（Ingmar Bergman）、彼得・布魯克，或樂手彼得・蓋布瑞爾[4]等大藝術家時，曾受到很大震撼。我跟他們第一次碰面，完全不是像歡迎大家長、重量級觀衆那麼一回事。從遠距離看，我們都會視名人如神聖之物。然而事實上，他們的力量在於他們問的問題非常人性。這些人很嚴肅地質疑自己和自己所做的事。

　　在彼得・蓋布瑞爾的一首歌〈Only Us〉裡有這麼一句歌詞：「我走得越遠，我知道得越少」，這是一個作品豐富和知識淵博的藝術家所做的驚人宣稱！幾乎劇場界很少人可以像彼得・布魯克懂那麼多，但他似乎深信他自己對劇場是無知的。儘管他有那麼多完成的作品、那

4　Peter Gabriel，1950～，前英國前衛搖滾樂團「創世紀」主唱，也是世界音樂、數位化處理音樂的先驅。後來他成立的世界音樂廠牌叫「眞實世界」（Real World）。

麼多能力，他仍認爲自己一無所有。

伍迪艾倫電影《百老匯上空子彈》（Bullets Over Broadway）裡，有個編劇從劇本打開一部影片說：「我是一個藝術家！」到了最後他卻改說：「我不是一個藝術家！」伍迪艾倫藉這個編劇角色要傳達的訊息，很可能就是他當時深信的一件事。出於個人因素，我尚未達到那種自我懷疑的程度。

鴉片

羅伯・勒帕吉作品中最震撼人的意象之一，是在他獨角戲《針頭與鴉片》中，一個巨大注射器打進邁爾斯・戴維斯[1]手臂剪影的投影影像。雖然沒有直接說明什麼，但毒品的主題，和它在人身上的效用，充斥在這位導演的所有作品當中。對這位導演來說，主題的隱喻性質是重要的，因為它允許角色和觀眾的認知變形。

羅：我想《針頭與鴉片》在我們嗑藥的主題上，標幟著一種頂點。這主題經常出現在我們的作品裡面。《循環》裡有一幕：兩男一女在汽車旅館吸食大麻煙，他們安靜地談話，月光從他們的頭頂流瀉下來。然後舞台轉暗，當燈光再現我們看到同一幕，但是順著天光向下看，換句話說，從月球的角度看這一幕。這是第一次我們使用虛構的視角，演員必須水平方向伸展身體，好讓觀眾看起來像是從天空俯瞰這些角色。另外嗑藥的暗示也使這種詩意的變調有了合理性。

　　總體來說，雖然嗑藥部分出於寫實的需要，連結著故事中的時間和地點；一方面便於象徵，提供我們表達某種隱喻的手段。嗑藥容許你從非常不一樣的角度表現事物，角色有藉口表現出藥品的影響力。所以我們從寫實的表演層次轉移到詩意的、同一景的不同面，完全應主題所需。

　　嗑藥從科學和敘事兩個層面上提供變形的工具。《針頭與鴉片》的內容很大程度圍繞著邁爾斯・戴維斯和尚・考克多這兩位依賴毒品尋求靈感的藝術家。但實際上，他們停止嗑藥以後才靈感煥發。

　　邁爾斯麻醉自己四年，在經過四個禮拜的戒毒療程結束後，才創作出他的代表作。同樣的考克多也是經過四年加上四個禮拜。考克多從鴉片找到一種特別的安慰，它大半用來作安慰他戀人雷蒙・哈狄格[2]

1　　Miles Davis，1926-1991，最偉大小喇叭手，爵士音樂的開拓者之一。

2　　Raymond Radiguet，1903-1923，早熟的法國神童作家，第一部小說《肉體的惡魔》即成名並改編為電影，二十歲死於傷寒。

的死所引起的痛苦。然而，其實是戒毒的痛苦將他的靈感贖回來。轉變的發生，並非在麻醉劑會讓人看到蟑螂或者改變心情，而是因爲藥品會把你輸送到另一個層次。

《龍之三部曲》最有趣的其中之一，對我來說，是克勞佛（Crawford）這名英國人角色的轉變，我們見證了他從年輕到死的旅程。這演化壓縮到其中一場戲，只有幾秒鐘的時間，可以讓三名扮演他三個年齡階段的演員依序穿上同一件外套。

第一名分身最年輕、天眞、多話，也是三個當中最有趣的一個。當他遇到一個中國老人介紹鴉片給他，進入一種比較成熟的階段。隨著年紀增長，他變成完全的神秘難測了。龍之第二部曲中，他已經嗑得有點茫。在火車上，他遇到一位法國女人，雖然在第一部是那麼多話的傢伙，但現在他已成爲一個安靜、內向的人。他問她是否吸過大麻，因爲他現在變成毒販了。這是一個處理角色轉變很好的例子。

除了轉變的效果之外，在我的戲中，經常還有另一個毒品的主題，那就是鴉片本身。《龍之三部曲》中，中國老人給克勞佛的鴉片，引領我們進入一個因毒品耗損精力的狂舞中。海洛因是鴉片的衍生物，在《地殼板塊》、《針頭與鴉片》、《太田川的七條支流》中都或多或少扮演過重要角色。如果我一而再回到毒品這個議題，那是因爲我青少年時代曾經有過嗑藥的經驗，我幾乎有兩年的時間陷入低潮。

我十四歲那年，爲了一個我迷戀的女孩而嘗試嗑藥。那次沒什麼大不了，我們吸了一點茶葉和大麻葉，並沒有引起很大的作用。但是後來，她跟另一個男的亂搞，使得我大受打擊，受傷很深。我因此瞭解了戀愛是怎麼回事，戀愛意味著連戀愛的苦果也必須一併承受。接下去幾週，我持續嗑藥，藥品對我開始有了不一樣的效果，我經歷過一陣因鴉片引起每個關節刺痛不已的日子。那兩年間，我服用抗憂鬱

藥。我去上學然後直接回家看電視，這就是我每天做的事。

　　我陷入在嗑藥的狀態，頗似互相置換的概念：情緒和性的混亂；如同《循環》月球那一場之後，緊接著一場三角關係的戀愛。我花了很長一段時間才瞭解到，我情緒低落並非肇因於吸毒，雖然如此，有六個月的時間，我幾乎不曾參加任何聚會。後來我不再碰這些東西了。現在我很慶幸那段吸毒的經驗，使我看到現實和非現實的相關面，使我變得會內省，以前我沒有這種傾向。

　　雖說經驗不無助益，但讓我從我的憂鬱中恢復，得該歸功於我的妹妹琳達（Lynda）。她賣力推動我在我第一齣戲：雷克雷赫克（Félix Leclerc）的《小小幸福》（Le p'tit bonheur）裡演出。他的戲《充滿離奇死亡的小旅館》（L'auberge des morts subites）時常在我高中的戲劇課上演，因為這是一部讓每個人都有地方可以發揮的戲。我喜歡上戲劇課，雖然一開始是因為選修規定，我的高中規定每個人一年要選修一門藝術課程，而我只選擇了戲劇。

　　但以我當時的狀態，我完全無法想像自己站在舞台上：第一，我入夜以後從不出門；第二，我無法忍受自己在擠滿人群的大廳中表演。但我首次參與的表演團隊非常信任我，因為他們向來運作得很好，恰好又有些人怯場並放棄演出，於是我就透過遞補一直在劇團待著。

　　我必須說，我真的很喜歡彩排。我妹妹認為這就夠了，她決定我應該加入這齣戲。她幫我打扮好推我上計程車時，我很想哭。我不要去。但她強迫我去。最後我去做了，並且成功了。我開始渴求這個把我從內縮狀態釋放出來的機會，是劇場把我帶回到真實世界。

　　克服舞台恐懼後，我開始瞭解原來征服的是什麼——舞台恐懼給你一種可怕的、無法表達的暈眩，但同時也讓你的腎上腺素不可置信

勒帕吉的第二部獨角戲《針頭與鴉片》，他的關注轉向心靈的各種變異狀態，包括嗑藥的尚·考克多和邁爾斯·戴維斯，藥物與主要人物的沉淪關係，以及如圖所見，藥物的催眠效果。 （Claudel Huot 攝）

地激增。克服舞台恐懼改變了我的人生，我想要創造一種內容，我可以每晚投射自我的戰役，並且達到顛峰。於是我讓戲劇成為我的職業，心理需要往往比戲劇本身還要重要。

從體育館到奧林帕斯山

這裡，所有的話語都跟肉體有關。每個身體都是一首沉默、未知的詩篇。

引自圖尼耶的《鑰匙與鎖》，內容是指努巴戰士（Nuba）身體上的刺青、刻畫、彩繪，那是萊妮‧里芬施塔爾（Leni Riefenstahl）在蘇丹攝影的相片

羅伯‧勒帕吉的創作充滿一再重現的主題，包括各式各樣的主題和儀式，目的和行動。除了毒品的使用，特別是鴉片外，觀眾也經常會看到自殺、火車旅行、剃毛、月亮和裸體。裸體常出現在他的作品中，卻鮮少與色情或性有關。與其說是反映美學，不如說為了強調人物的本質，當然，也提供演員表演和身體表現的另類手段。

羅：在我心目中，劇場精確地說，是屬於裸體的地方。在我戲中，當人們用衣服把自己裹緊時，性的張力比較高。裸體，換句話說，無關乎性的張力，而在揭露人的脆弱和本質，較接近古典的回歸。希臘諸神和英雄都是不穿衣服的。體育館gymnasium這個字從字根gymnos，意思是「裸的」，所以這是一個讓人裸身的地方。

《針頭與鴉片》一劇中，我們使用音樂家艾瑞克‧薩替[1]的知名作品《裸體歌舞》（Gymnopédies），這個字，有人告訴我是「赤足」的意思，從字面來指角色在舞台上的狀態，甚至基於操作上的需要，如果我要在懸吊的鋼絲上平衡我的重量，我必須脫掉鞋子。

裸體代表純粹的狀態。當演員裸體時，等於解除他的社會包裝，解除社會對他身體的定義。當我們看到史特林堡《夢幻劇》中律師脫光衣服，我們會覺得他從社會對律師的定義裡解脫出來。在三溫暖蒸氣室或天體營裡，每個人都裸體，或僅圍一條浴巾，你如何知道誰是

---

1 Erik Satie，1866-1925，法國作曲家，反浪漫主義，偏向理性，影響後來簡約音樂的發展。

老闆誰是下屬員工呢？你不再能從人的外在穿著區分社會階級，於是你觀察他們的行爲，從反映原始特質的細節上去區分人。

我的《測謊器》中，裸體跟故事毫無關係，人物光著身子並不因爲洗澡或做愛。裸體透過警察排成一列的柵欄被看見，類似攝影師德威爾德‧梅勃立奇[2]的知名照片：近乎全裸體的人或者動物在他事先靠牆放的格柵前移動，連起來看像連續動作。順道一提，這種做法算是誕生電影的先驅。

事實上，《測謊器》大部分在講拍攝電影，也解釋了它在視覺上的指涉，因爲從故事本身找不出人物必須裸身的邏輯和理由。當他們這樣做的時候，他們會發現他們自由了，從侍者、女演員、醫檢員等可敬的社會包袱裡掙脫。我們先看過他們全副衣裝和道具的模樣，從事原來的工作，然後我們看到他們一無所有做著一模一樣的事，這會幫助我們反思故事背後的社會意涵。

現代舞的表演者經常穿極少衣物或乾脆裸體，這項吻合是有原因的。例如，蒙特婁「拉拉拉人類步驟」舞團（La La La Human Steps）徹底用裸體表演，甚至還用大螢幕放大裸體的效果。我下意識認爲，深層來看，這是一種對上帝的召喚。露薏絲‧蕾卡凡莉[3]編作的人體是長著男人肌肉的女人。有什麼比混合男人身體和女人性格的人更具神秘的東西？有什麼比身體表演更能定義「拉拉拉人類步驟」舞團？同樣的形容可以用到馬克‧貝藍[4]身上，他曾跟「拉拉拉人類步驟」合作，是一個有很男性的身體，和很女性的氣質的演員。

裸體對大眾來說還有其他的意義。對觀眾來說它當然有色情的效果。但除此以外，看見舞台上有個裸體的人本身就會觸動人心。吉爾‧馬赫的戲《森林》（La forêt），一名老人赤裸裸在舞台上徘徊穿過一個黑暗的森林，是非常動人的一幕，引發我們想像肉眼所見之外的

2　Eadweard Muybridge，發明了對動態事物連續拍照，他於1872年拍下馬在奔馳的連續照片。

3　Louise Lecavalier，1958-1989，加拿大現代舞蹈家，1981年加入「拉拉拉人類步驟」。

4　Marc Béland，法裔加拿大男演員，曾與茱麗葉畢諾許合作演過電影《雪地裡的情人》。

東西。這種裸體不是色情。它強調生命的終結，身體朝向死亡旅行的道路。

我父親生前最後日子，我的哥哥、妹妹和我，必須輪流照顧他，他任何行動都需要人幫忙。我們以前從來沒有看過父親裸體，所以那是一個特別的時刻，也是令人害羞的時刻，使我們清晰發現，我們的道德規範多麼疏離、陌生、遠離我們的身體。這一課我們學到得相當晚。我想如果我們早一點學習，我們會更瞭解父親是怎樣的一個人。

荷：裸露比其他更具表達性，僅因為這些人是在舞台上給我們看。在這些裸體的表演中是否仍有角色扮演？

羅：有一個浮現我心頭的例子是瑪莉·巴薩（Marie Brassard），她在莎劇連演飾演馬克白夫人。瑪莉經常在我們的戲中裸體出現，這點甚至成為我們之間的打趣之處。但我們這樣做絕非故意或不必要，每一次都出於戲的需要，譬如像馬克白夫人瘋了。一開場，我們看見她赤裸出現，那時馬克白夫人正打點一切準備迎接她丈夫回來。但到後來，當她發現國王的血還在她的手上怎麼洗也洗不掉時，她也是赤裸的。

其實一直到我們在法國北方的Maubeuge預演時，她還穿她的大禮服走上舞台開場。但是看起來不對勁。我開玩笑說：「因為妳完全不是裸體的。」她大笑，然後她考慮試試看，結果一切都徹底改變了。因為突然間，我們看到這個角色脫下皇后的服裝，露出她最簡單的形式。她呈現出她這個角色所有的脆弱和不正常，簡直到了極致。你想像一下，當城堡的僕人看到皇后裸身到處遊蕩、自言自語時的衝擊，對他們來說是多麼陌生的景象！這也就是裸體要達成的效果，遠超過考慮要露出胸部或陰部與否的層次。

在倫敦演出《仲夏夜之夢》（A Midsummer Night's Dream）也有類似的情形。國王歐比龍（Oberon）和王后提塔妮亞（Titania）為一個小男孩而爭執，這小男孩是個孤兒，被提塔妮亞王后收養而整夜陪寢。傳統上這個年輕王子由八到十歲的男孩子扮演，包得緊緊的，戴頂小帽，嬌養的模樣讓歐貝龍王感到忌妒。

當我讀到這齣戲時，一想到童年母親早死，整個被王后佔有的孩子，他必定仍是個嬰兒的想法就佔據了我的心。飾演提塔妮亞的女演員不同意，因為她想，如果是個嬰兒，就不可能含有情慾而合理化男女的忌妒和爭執。但我認為母親和她新生兒的關係也是非常肉體的。

這一場戲我讓仙子對著王后和她懷中小王子齊唱催眠曲，我還建議提塔妮亞露胸哺乳。我很難說服她，但當她露出胸部時，那姿勢真是充滿衝擊的力道。她的服裝全黑顯出她皮膚白似牛奶。當她暴露她雪白胸脯授乳這嬰兒，觀眾完全抓住這縱慾的暗示：將胸部坦露給新生兒這行為其實包含一種情色的快感。這種情色並非無道理的，它為戲劇增加很多心理層面，突然間合理化歐比龍王所有的忌妒情緒。

這故事帶出裸體在不同文化的相對重要性。在倫敦，裸胸引起很多質問；在法國，打個比方，就連全裸也不是什麼問題。《測謊器》在香港演出時，我們花了很多力氣，克服萬難才能讓裸體在舞台上出現。在日本，又是另一個問題。露出陰部的景象並不怎麼困擾他們，但是公然猥褻和露毛，一下子就會被列入粗俗之列；演員被要求剃毛不然就穿上丁字褲。所以，舞台上這議題確實存在，不僅跟戲劇的特殊需要有關，也跟觀眾的接受度有關係。

荷：裸體和其他讓演員陷入易受攻擊的位置或處在非心理性困境的要求有關嗎？

羅：是的，有關。但我必須指出，替演員創造難題並非我的主要目的。愛德華·洛克[5]要求他「拉拉拉人類步驟」的舞者挑戰不可能。馬克·貝藍告訴我，有時他們讓自己失控甚至折斷骨頭，來證明做某些奇怪的動作是不可能的，然而最後他們總是成功做到規定動作，他們很高興他們超越人體的極限。

　　我很敬佩他們，但是，在我的部分來說，假使我要求演員接受挑戰，那也一定必須在他們能力範圍之內。甚至史特林堡《夢幻劇》中有個很肢體性要求：轉動箱子和它稜稜角角的表面，我總是確定演員不會感到不適。

　　妥協對我來說不是問題。你不能要求每個人以同樣的方式、達到同樣的要求。假如一個演員不能做到一種特殊的動作，問題就回到我身上，我必須找到新的方法去完成我想要的效果。

　　如果坐在一個陡斜的台子上，對一名年邁演員來說是困難的肢體挑戰，那我僅僅要求他去做這件事就夠了。對於每晚的演出，他因此而感到自傲。每一場表演對他來說都是一個挑戰，不管那姿勢對我或對運動型的演員來說難度如何，對他是挑戰，重要的是超越的感覺。

　　《針頭與鴉片》教我如何勝任我必須在戲中做的表演。我為了創造出飛翔的感覺，一開始吊具上的動作對我來說有許多困難，我固定上健身房鍛鍊肌肉，同時必須減重。我必須自我訓練以完成這些動作，同時也在為我的下一齣獨角戲《愛爾西諾》做準備，我覺得它也將是一部肢體要求很高的戲，所以我提前訓練以超越我的體能極限。

　　這就是劇場，這就是劇場的運動。奧林匹克吸引我們的並非是這個或那個運動，而是目睹人類挑戰自我極限的那種慾望，譬如我們看人跳水，我們要看有如時間靜止，盡其所能為延長下水前停留在空中的時間，所做的完美姿勢。

5　　Edouard Lock，1954年生，加拿大編舞家。

　　每個演員都有他的身體極限。對特技演員來說，也許是做一個六十呎的後空翻並落在一條細小的纜線上才算是；對另外一些人來說，可能是坐在一個傾斜的平台上即是。當你明白挑戰，劇場的奧林帕斯性格，人在舞台上必須表現一種高貴和神聖性。

　　我們的目標在奧林帕斯山巔，而非雅典體育館，除非神祇也光臨後者。演員和導演時常落入的危險陷阱是：他們遺忘了超越的召喚。這是人性問題。我們必須瞭解我們要傳遞的內容，我們虛擬的角色比我們自己還偉大。

混沌

大約在史特林堡《夢幻劇》於斯德哥爾摩的皇家戲劇院首演（1994年10月26日晚上）十天前，飾演律師這個重要角色的約翰·拉貝斯（Johan Rabaeus），在排演時摔倒並跌斷兩根肋骨。決定很快下來，開演日期延到11月21日。然而對羅伯·勒帕吉來說，三星期的時間落後，使他一小時當一天使用、極端緊縮的工作行程，受到嚴重打擊。

導演週遭的管理階層以及跟他一起工作的人，必須能對工作迅速回應。遭到延期的不僅是《夢幻劇》，還有接下來預定在東京執導的尼曼（Michael Nyman）歌劇《噪音、聲音和甜空氣》（Noises, Sounds and Sweet Airs），在倫敦和巴黎上演的《太田川的七條支流》，還有在蒙特婁放映的影片《告解室》。在這期間，勒帕吉還要趕到渥太華從加拿大總督手上接受一座國家藝術中心獎，我能夠找到他的時間，只有他往斯德哥爾摩的回程中，一個暴風雨的空檔。

發生在導演生活中突然的動亂，一開始好像艱困的勁風，但很快就變成一陣新鮮的微風，甚至成為靈感的來源。1994年9月8日在瑞典首都的一家日本餐廳裡面，無論如何，他就透露這麼多。

羅：當時間表被整個顛覆，我們經歷的沮喪會幫助我們起而改變。在這種情況下，通常沒有人會是快樂的，譬如，看到演員受傷；但從整體來說，這一刻也是解放的來源。

我們的時間表是圍繞著特定問題所發展出來的一段嚴謹舞蹈，每個地方都配上精確而組織得很好的旋律。但像上一個月的那種意外發生時，恰好給我十天處理其他事，這十天讓我跟我的工作人員尋找新的解決辦法。特別當一個新演員加入（無論是暫時或長久性），迫使我們重新思考我們以前做的每件事。每件事都被打亂，一片片收集起

來，等我回來的時候把它們重新黏合在一起。

很多人想要控制和馴服劇場。但劇場是有野性的，沒有規則，規則妨害自然、有機之物的成長。對我來說，正是這種不規則性滋養我的工作，就像彩虹出現於不可預期。

意外發生之後，在《太田川的七條支流》和尼曼歌劇裡作燈光設計的日本燈光師Sonoyo Nishikawa，又讓我學習到一些事。像很多日本人一樣，她也是非常有系統和有組織的人，所以我以為我們相當混亂的工作態度，會讓她很快離開。我通常視此為和日本人集體創作的障礙。然而當我被一切不可預測的擾亂弄得沮喪無比之際，她告訴我：和我工作最讓她覺得有趣的地方，正是我製造的這種混沌。我不太確定我就是製造混沌的傢伙，但混沌確實大量在我們周圍發生。

混沌是必須的。假如這裡只有秩序和嚴峻的紀律，那麼除秩序和紀律以外也就沒有其他收穫了。宇宙誕生於混沌而非秩序，秩序它缺乏生命、有機性、改變性——後者才是真實創造所依。幸虧Sonoyo在我因改變引起的混亂陷入低潮之際，她告訴我：去中心化才是激發她工作創意的方法。

我們的談話發生在《夢幻劇》排演前的早餐上，而我的當務之急，是給工作團隊一些鼓勵和能量。Sonoyo對混沌的想像給了我一個美好的早晨，因為我們正準備彩排第一場：因陀羅的女兒（《夢幻劇》女主角，象徵神的女兒）從玻璃公司的地板上甦醒。作為人類的象徵，她的第一個問題：「為什麼花生於腐肥和泥巴之中？」潛在的意象是：佛陀對世界的召喚像一朵出淤泥而不染的蓮花，換句話說，出自於混亂和污濁。整齣戲講的是一朵花誕生於灰塵與泥土中，美麗與創造誕生於受苦和混亂。

混沌永遠統馭我的生活、混沌包圍我的工作，這兩種時刻往往讓

我很安心。混沌的意義在於：急劇的變動才能迫使人發現新的解答，反映出人如何面對變化。《太田川的七條支流》在倫敦上演時，我注意到整個作品的焦點，圍繞在原子彈和原子彈引起的美、生命等混亂。

原子彈和集中營是二次世界大戰最極端的象徵，它們都產生徹底的混亂。戰爭的產物，特別是集中營，設計用來嚴密組織化人類結果卻產生巨大的混亂。極端的組織化的行為，例如為了摧毀猶太人而列出一份猶太人寫的所有作品，也同時摧毀了我們認識真正猶太人機會——組織化和混沌所產生的創造力，完全是站在對立面。

戰爭是高度組織化的東西，其結果是經歷混亂，並導致許多其他東西的終結：一種生活方式、社會型態、信仰、愛與特定社會形式的終結。我覺得思考廣島原爆事件，很自然地導向思考重新開始。

死亡的念頭引導出縱慾和活下去的渴望。從死亡之中——這似乎是可怕的說法，然而千真萬確——肉體達至深沉的縱慾和深刻的滿足。這也就是為什麼《太田川的七條支流》會成為一部關於性的作品。這齣戲裡性與死無所不在。這不只是一段炸彈掉下來殺死很多人的歷史，也是很多人在爆炸後決定繼續在這裡生活、繁衍人口、打造城市的歷史；有深刻的肉慾性。死亡，不僅只是悲愴的仲介者。

當我1993年第一次去日本時，隨著一位導遊參觀廣島。到旅行最後一天，我才知道那位導遊是原爆者，是從原子彈爆炸中倖存的人，他曾親眼看到原子彈爆炸。他解釋道：廣島最先被重建的是兩座橋，因為廣島這城市建立在太田川七條支流造成的沙洲之上，所以渡河的交通重建非常重要。有趣的是，他們建了一條陰橋、一條陽橋，分別為陰道和陰莖的形狀。為了重回廣島的人生，他們替這城市輸入性器官，這樣失落的另一半可以和另一半結為連理。

　　這城市四周環山景觀壯闊，入夜後覆滿車燈的橋，幾乎可以看成精液的輸送，而你就是交合的見證者。我聽過許多廣島的軼事都有關於誘惑、美女和人生。這就是為什麼我們把戲的焦點凝聚於倖存者的本能，以及作為繁衍不可或缺的元素，也就是性上面。

　　經常與性連結在一起的死亡，也是《測謊器》一劇中的重要主題。劇中人物之一是個法醫。他會在一面解剖屍體時，一面解釋肌肉骨骼如何運動、血液如何循環、各器官有什麼功能、或者不再具備該功能。這些細節其實是無意義的，重點是他用他一雙手實際浸入一個屍體裡面。

　　當你希望一幅畫中的黃色跳出來的時候，你會用黑色去襯托。當你希望突顯一個音樂旋律時，你會使用它的對位旋律。劇場處理主題也用類似的方法。假如你想彰顯生命、生存、再生的本能，你通常必須透過死亡來接近這個主題。《太田川的七條支流》整個集中在這個對比上面。

　　這世紀沒有什麼比原子彈更能代表死亡、空虛、荒蕪了；然而對我們來說，它啟發了一部關於生命、極端肉慾的戲。經歷了這段時間，我學習到死亡和自殺不斷在我的劇場重現，它們產生了相反的效果：讓我們面對生命。在死亡如此吃重的內涵下，唯有求生本能幫助人們真正站起來。

　　假使你希望表現新世界誕生，建立一個老舊點的廢墟，你必須刻畫一個毀滅的世界並攤開那毀滅的過程。《針頭與鴉片》裡，考克多最後說：「一個世界將滅，而另一個世界開始。美國人，你們將決定我們黑暗或光明。」結局都是開放的。1949年，他清楚看到美利堅合眾國主宰了二十世紀的下半葉，也決定我們要戰爭或和平。在他心中，我們必須經歷戰爭的大破壞、浩劫、滅族和原子彈而活下來。戰

爭使很多人趨向黑暗，但對考克多，戰爭的衝突結果帶給他從灰燼中重生的機會。

荷：假使混沌是有創造性的，但是否仍有個極限呢？有沒有什麼情況使無秩序變得太多、太難，超過負荷，即使只是體力上的？

羅：大約1989年吧，我在蒙特婁新世界劇院執導《伽利略的一生》（La vie de Galiée），有一段時間，我消耗的能量無法與這項工作帶給我的能量作平衡，一方面因為這工作是累進式的，也因為我耗費能量在捍衛一個早該被丟棄的想法上，或者我其實在保護我的自尊。然而一般情況下，我很少在我的工作上感到疲憊。我從一項新企畫激發的腎上腺素，足以彌補其他損耗。約束和不按理出牌同樣都是我的興奮劑。

假如我必須指出一個特別困難的地方，那就是碰到大型劇團或拍電影的方案，像《告解室》，我必須移出投注在個人計畫的時間，以應付這類大案的需要。拍片需要更多人力，舉例來說，光弄個通告表就困難得多。

我個人的計畫比較接近我的心靈世界，但外部的要求這麼多，很難把必要的時間空出來。它是可以常保平衡的，只是這點我尚待改進。其實，基本上要改變我同時進行幾個計畫的習慣是沒什麼問題的。不過在我內心深處，是有點像文藝復興時代的達文西，有無盡的興趣，讓他保持活力和快樂直到晚年。

我作品中狂暴和流動的性格，頗類似健身房教練的塑身訓練。人們很容易塑身過了頭，甚至顯得荒謬。但塑身者認為痛苦會讓能量增強。天才的能量來自超越。同時，我也覺得我自己的能量來自超額的工作。

　　魁北克女演員佩提耶（Pol Pelletier）現年有四十了，最近她在一份魁北克劇場雜誌《戲劇》（Jeu）的訪問中表示，比起十年前，她有更多的能量從事極端的肢體劇場演出，她盡其所能保存她的能量。當我們年齡增長，我想我們必須極端活動以刺激我們的頭腦，並運用不常使用的縫隙。日復一日的生活，只用到我們大腦灰質的很小一部分而已。我們必須發揮它的極限。

　　我們相信規律和重複形式的訓練。但是讓我們再檢視一次健身鍛鍊者，我們注意到他們的訓練需使身體因刺激而振奮，而非讓身體落入一種重複的慣性。今晚訓練這一組肌肉，明早訓練另外一組肌肉，休息一天，接著一天做三節，像這樣以經常打破常規的訓練增強肌肉，也就是刺激身體能量，驅動其能力，使身體超越它原本的極限。

　　痛苦總伴隨著創作、思考而至，如同痛苦伴隨著健身房的重力訓練。打破常規的疼痛是有益的疼痛，對身體肌肉如是，對想像和創造的肌肉亦如是也。

數字和字母

羅：「七」是個靈性的數字，代表完成的數字，連接天和地，精神和肉體；換句話說，是和諧的數字。所以第七天，星期天，是上帝創造萬物後休息的那一天。它代表我們達到和諧後享受歡愉的時刻。

　　七，也是四加三的總合。四這個數字代表人類。四方形和立方體代表人類的發明，是人類組織世界和建築結構的方式。假使你在我的戲中，看見立方體和四方形的盒子道具，便代表我強烈企圖表現空間和結構，使建築物跳出來。另一方面，圓形代表大地、循環（例如四季的循環）、時間等等。魁北克在聯合國教科文組織的代表符號，是一個立方體在圓形裡面。彼得·蓋布瑞爾的唱片公司「真實世界」的標誌是一個方（文明）和一個圓（我們生存的世界）。

　　宗教和性靈，在大部分的文化裡以三角形或數字三表示。譬如基督教的三位一體，當然，還有三的元素出現在每一個地方。四方形和三角形的相遇創造了教堂，一個塵世和天堂相會、人類和上帝接觸的地點。同樣的道理也適用於雅典的巴特農神殿（Parthenon）。

　　《夢幻劇》講因陀羅的女兒墜入人間的故事，所以我以立方體表示人類世界：那是史特林堡用來代表人類地方的場地，如劇院、家庭等。但我們的立方體只有三面牆，是半個立方體。洞穴代表因陀羅的耳朵，那裡聚合了世上所有的祈禱者和訴怨，牆傾斜成四十五度，整體呈現三角形的樣子，透過形狀，這佈景成為神的世界與人類世界之間的交會相遇的象徵。

　　我們並非在討論迷信，而是數學和符號，如同我們討論空間組織的規則一樣。例如我們都知道，一個演員必須站在舞台上哪個位置以製造最大的效果；或者在電影螢幕上什麼位置最醒目，即使你讓主角置身於人群中，觀眾仍然能夠一眼就發現他。瞭解你畫布的表面材質會讓你繪畫更得心應手；數字也是一樣的道理。

《太田川的七條支流》、《龍之三部曲》、《文西》三部戲都奠基於這個數字——四。我們的劇場永遠內含一個數字。《告解室》圍繞著數字「二」而運轉，整個關於雙重性的觀念：二個時期、二個兄弟、二座橋連結著魁北克市和聖羅倫斯河南岸，新和舊，諸如此類的。

我遇到彼得‧蓋布瑞爾那一夜，他去看《地殼板塊》演出，那天也正好是我的生日，十二月十二日。下次我們再度碰面時，我們已經成為合作夥伴了，他邀請我去餐廳吃飯。那裡他在一張餐巾紙上根據我姓名計算我的生命靈數[1]。他是七，他相信我也會是七，結果不出所料。《仲夏夜之夢》在魁北克國家劇院演出的第二天，我替演員們算生命靈數，我發現十五個演員中，有十二個生命靈數都是七。再說，七也跟日本的劇場女神有關。

更令人驚訝的是，當我們在製作《龍之三部曲》時，在決定這部戲的音樂之前，我們已經用彼得‧蓋布瑞爾《鳥人》（Birdy）的電影配樂來做即興發展。這音樂很多地方與戲有所契合，我後來告訴蓋布瑞爾（即使他完全不知情），他是《龍之三部曲》的靈感來源之一。他聽了以後很高興，但更重要的，他解釋：自從專輯《躺在百老匯的羊》（The Lamb Lies Down on Broadway）之後，他發展的所有表演，都根據易經和陰陽的原理。而易經也是我們發展《龍之三部曲》的主要工具之一。

另外一個晚上，在家裡，我突然決定找一下我名字的變位字（anagram）。近年來我的工作造成很高的期待，有時我忍不住自問：如果有一天我的作品用另一個名字演出，會引起大眾什麼反應呢？這是件很有趣的事。

一時興起，我從拼字遊戲（Scrabble）中，繞著我的名字玩出「彼得」（Peter），剩下字母拼成「蓋伯意爾」（Gabroel）作為姓氏。

1　原註：在命理學裡，每個字母都對應一個數字（如：a=1,b=2,c=3）。要計算勒帕吉的生命靈數，蓋布瑞爾得把對應他的名字的數字全部加總。當總數大於個位數時，就再次加總，直到結果是個位數為止。

與彼得・蓋布瑞爾不同的地方只有一個字母：「i」被取代爲「o」！你可以花很多時間得到這種瘋狂的連結。

你會說我們的變位字是相似，因爲我們的生命靈數是一樣的，我們正準備一起工作，事實上我是彼得・蓋布瑞爾的分身等等。這就好比很多人試圖尋找莎士比亞名字背後的隱藏意義一樣[2]。我覺得很迷人。並非因爲我有多麼相信這學問，而是它像一種詩意的聯想，幫助我想像。也許這連結的存在只因爲，我們決定要給數字和形式的遊戲一個意義。但即使我不瞭解它存在的理由，它仍然在那裡。

數字和象徵它們會自行湧現。《龍之三部曲》戲結束時，落入海裡的飛機編號是瑪莉・米可（Marie Michaud）選的。她不希望我們隨機選擇，因爲數字在一場表演裡似乎總要有意義。所以她算出這個數字「384」，不知怎的契合得很完美。你要知道這部戲包含三個階段：一個半小時（三的一半），三小時，六小時（三的兩倍）。六小時版本首演於蒙特婁，日期是六月六日，在九號飛機棚。日期不是我們選的，而是根據美國戲劇節（Festival de Théâtre des Amériques）的時間。即使實際上沒有任何人做任何事情，這些仍像指南一樣給予我們的想法意義。

廣島的演出計畫一開始，我們與「十二」這個數字一起工作：一年裡的第十二個月，中國占星術的第十二個記號，旅行十二個首都，穿過十二個時區。但十二這個數字的規則並沒有全部進行，七取而代之出現。從此這個數字就與我們如影隨形，我們到處看到它，它也冥冥中支持這齣戲的演出。七並非《太田川的七條支流》的幸運數字，它是一個工具，幫助我們給予這戲詩意的秩序，就像龍的色彩或陰陽象徵一樣。

這類詩意的秩序不只出現在新的創作。在史特林堡《夢幻劇》某

2　有一說莎士比亞這名字是一群人的集體化名，非單一個人。

個地方，詩人和因陀羅的女兒發現他們在芬格洞（Fingal's Cave）。他們本來是在教堂，風琴的音符變成了人類的呻吟，教堂變形爲洞穴，這洞穴是因陀羅的耳朵，聚集所有人類的祈求，以他們的方式與上帝對話。史特林堡寫過很長的論文表示，芬格洞的空間次元類似巴黎聖母院，他還解釋兩個地方之間的關聯，根據他的說法，這完全不是偶然。

我們不會引導戲到我們已有答案的地方，我們讓戲本身來引導我們。我們並不試圖逼使我們的想法、我們的觀念，嵌入戲裡面；戲有自己的邏輯、詩意、旋律，我們必須去發現。這點無論對全新的創作或已有的劇目來說都是眞的。二十世紀下半葉，所有劇場導演中最大的失敗，就是他們傾向從戲一開始，就置入精心製作、非常細節的導演計畫。每一個新的導演概念都應該足夠中立客觀，容許戲劇本身的意義自然湧現。

1995年1月18日

魁北克

荷：除了數字的全部結構外，我常聽到跟你一起工作的人說——你確實也如此——當你找到一個切入點、一個可以巧妙詮釋戲的題旨，這題旨就開始在戲的每個地方湧現。但是不一定每個訊息都是有用的，你如何過濾所有的訊息？

羅：你必須區分什麼是眞正戲劇性的材料，什麼僅僅是流行素材。在我們腦力激盪的階段發現一個標題，或決定如何運用一個特別的想法的過程中，我們會終結某些重複湧現的東西。它端賴我們達到工作的方式。

勒帕吉版本的史特林堡《夢幻劇》於斯德哥爾摩的皇家戲劇院上演。

《夢幻劇》的場景主要是一個巨大的立方體，代表因陀羅的女兒所進入的人類世界。得力於馬達和三噸的重鐵，這個立方體能精巧地旋轉來指涉時間的流逝，也能變成一間混亂的房子（對頁圖）以及警官的愛情未得到回報的街角（上圖）。下圖為《夢幻劇》排練中場景。

在《龍之三部曲》中我們有一陣子靠易經決定什麼要留下來，什麼要捨去。它提供我們一個井的想像，致力挖掘、追溯找出事物的核心。所以我們的角色人物必須挖探他們的內在，發現其根源。從這個觀念，角色發展變得非常重要，發生在角色週遭的每件事都退居爲背景。

圍繞著一個根源想法去即興創作，一個想法發展一場戲，帶領我們著手各種途徑。有時是很小的事情，我們必須更貼近去看，以便發現它的意義。所以有些場景變成絕對的微觀，有點像全像攝影，每一個粒子包含其客體的完全呈像。創作過程中突然發生的小細節，會突然揭露這齣戲的核心，幫助我們建立一種新的秩序。

《太田川的七條支流》有一場戲，加拿大大使館文化官員和他的妻子，邀請一位魁北克女演員到廣島旅行，並一起在餐廳吃飯。我們弄了一場單人即興片段，錄影下來、抄錄下來，成爲表演中幾乎不可碰觸的一段。對我們來說，這是很好玩的一場戲，但實際上我們無法不把它視爲娛樂，有很好的台詞。

1995年秋天我們在倫敦演出時，有一些演員看後跟我們說他們多麼被這場戲迷住。我們很驚奇，可是討論之後我們理解到，這位女演員的表演傳達出這齣戲的一些重要特質：藝術和生活的關係，特別在人類的性慾方面。

戲劇有屬於自己的完整性。當你覺得某一場特別好的時候，通常是因爲它對整齣戲來說非常適合，有種化學作用，即使它不是立刻看得出與戲的主題有關。你不該忽視這種感情，它是如何創作一部戲的絕佳指南。

瑪莉‧姬格娜向我指出，《太田川的七條支流》中這場即興，是我們從三部曲以來第一個一次完成的戲。整個三部曲都是以這種方式

發展。我們永遠知道我們需要什麼。我們即興一次，大部分時間這時就定調了。之後幾次排演我們會修正一些細節，但本質一開始就拍板定案。

也許因爲三部曲的故事圍繞著一些跟我們個人有共鳴的事，包括我們的和她們的母親、還有我們祖父母年輕時代的魁北克。同樣的，廣島餐廳這一場戲，刻畫魁北克女演員在旅程中，和加拿大大使館文化官員的遭遇，非常近似我們現在生活變成的樣子。

Creation
創造篇

飛行機器

雖然羅伯・勒帕吉的劇場和國際事業在魁北克是獨一無二的，但也可以如此假設而不爲：相同的團隊讓這一切變成可能。討論羅伯・勒帕吉的創作過程時，我們經常忽略「影子」——後勤部隊，和創造「光」的那一面——也就是製作群，這兩面所扮演的重要角色。

現在影子面有了中心樣貌，那就是他的劇團「機器神」的成立：近年來，劇團把大部分能量投入「消防站」（La Caserne）的硬體建設，那是座落於魁北克歷史中心的多媒體製作中心，包含一個黑盒子劇場、影片工作室和紀錄片與多媒體工廠，啓用於1997年，終於結束了勒帕吉長期以來（特別關於製作班底）居無定所的狀態。

我們談論勒帕吉後製團隊複雜工作的種種，正見證這完美的感覺：1994年9月，在他一整天各種計畫的會議結束之後，準備前往巴黎剪接他的影片《告解室》，一如他每個週末的行程，在前往斯德哥爾摩機場搭飛機的計程車上，我們開始了這段對話。

羅：往返兩地之間工作總讓我覺得有點兒怪，但這次組織得很好，對我來說是個鼓舞。和有規模的製作團隊合作的好處是旅行和協調都變得比較容易些。藉由日本、瑞士、法國等團隊的幫助，我們得以到全世界開會。我們仍有自己的會議，但隨著與其他國家合作的機會逐漸增加，現在比較不頻繁了。

我們現在可以說：哪一天，我們會在哪裡碰面吧？不管是在斯德哥爾摩、巴黎或蒙特婁，而每個人都會到達那裡：日本燈光設計師和她的助理、魁北克舞台設計師，還有我們蒙特婁、倫敦、巴黎的經紀人等等。這種方式進行得越多，我們越渴望所有人之間彼此建立親密的連繫。這是機器神計畫的一項重要元素。我們正在建立向全世界各

城市開放的辦公室。這依然是摩登的方式,例如在某個辦公室某處講電話,但是這樣做必須有助於發展,甚至絕對必要,和首度合作的事業夥伴或偶然合作的共同製作人之間,維持最緊密的連繫。他們現在都以這種方式,成為機器神的成員之一。

過了一段時間,一種自然發生的選擇會在團隊成員中發生。無須暗含裁判不願留下來的人,很簡單,就是每人需要不同的刺激罷了。至於留下來的人傾向於接受挑戰,接受我們航向未曾經歷的領域,體驗一種終極舞台震撼的刺激。

比方說,一般而言,首演對演員來說是終點的抵達,所有的問題至此都獲得圓滿解決,至少盡可能圓滿解決。但對我們來說,從著裝彩排到首演場,每件事都可能被推翻。所以首演場就成了一次發現,一場演化中的表演的其中一刻。假如我們沒有每一次都在劇場嘗試一點獨創,對我來說它就不夠刺激。有些演員完全被這種方式打敗,另外有些則因為挑戰而快樂。

我的助手菲利普‧索勒德維拉,前「勒佩爾劇團」、現任「機器神」行政經理兼技術總監的米謝‧貝赫納切茲,跟我十年的經紀人尚─皮耶‧聖米謝(Jean-Pierre Saint-Michel),都贊同沒有安全網的工作模式。他們都必須富創造性、設計他們自己的工作方式。我們從來不曾爭執、也不曾有人這樣說:「這件事只有這種做法。」取而代之的是,我們總是集體決定事情如何進展。藝術團隊在導演和管理之間的分野很神秘,每個人都會多少超越他或她的範疇,但是沒有人越界。沒有人能影響另一個人,甚至為不同的劇團工作就有不同的尺規。

我們的創作和工作方法相當特殊,所以我們在管理每件事上面都必須用很有想像力的方式。菲利普是個不尋常的導演助理,他處理我戲劇的後台技術部分大過於戲劇的內容部分。尚─皮耶是隱身於羅

伯·勒帕吉有限公司背後的那個人，這公司負責我個人計畫的所有工作人員，包括我自己。我們共同定位我應該投入多少精力在個人計畫中。當其他製作人缺乏冒險精神時，轉投入其他的計畫。羅伯·勒帕吉有限公司和其聘僱人員，到現在都還是機器神的主要投資者。

米謝·貝赫納切茲有管理上的特別天賦。對藝術創造來說這很重要。我看過很多劇場，至少在魁北克和加拿大，許多根本問題之一，就是大家都傾向用同一種方法烹製所有劇場。

有些戲只需要放在微波爐兩分鐘，有些需要燉煮一個小時，但人們從不瞭解不同食譜有不同需要：加拿大英語區一向用三個星期的時間彩排，魁北克需要六到八週。魁北克的系統有點彈性，但仍受限於藝術家工會的規則。雖然工會的任務是為確保演員不受剝削（它本身很重要），卻不總適用於所有劇場表現形式，因為這太僵硬了。像布萊希特、莎士比亞或契訶夫（Chekhov）的戲，或許都各自遵從一套料理方式，但每個作品還是得經過特殊的處理。人們在製作某個作家系列時，很少注意到這一點。

我必須說我們很奢侈，不像大部分的劇場一樣依賴票房。我們劇團敲定下一季公演時間，無需在特別日子搬出莫里哀（Molière）的戲，以保證每晚滿座。通常我們有很緊迫的截止期（也許有點太緊迫），但一般來說，我們可以很奢侈地帶著我們發展一部分的作品，參加任何一個藝術節。

無論我們進行什麼製作，米謝·貝赫納切茲總能為戲的技術方面定義與定型。他把焦點放在滿足藝術的需要上，讓他的工作適應創作的挑戰。他對作品的影響力很大，遠超過其他人，當我不在的時候，他可以代為全權處理。從一開始我們在勒佩爾劇團時，米謝就很在意什麼是在劇場中可以被想像的，從技術方面來設法支援作品的需要。

即使他每天在會計和後製上已非常忙碌，他還是固定來看我們彩排，在我們工作會議上給予相當有份量的意見。

他的藝術判斷極爲準確，也讓我們學習到許多。在勒佩爾劇團，當很多製作都在同時間啓動，會讓米謝忙得無法分身，無法對每齣戲一視同仁；在機器神，他的責任比較集中，可以投注更多時間在我們說的故事上。

米謝‧貝赫納切茲不只處理狀況和財務，他工作中最好的部分包括經常得說不，告訴我們何時應該停止。大部分時候，他是那個問這戲是否值得投注的人。有時他觀察我們的新計畫，然後說不需要用到那麼複雜的技術。《測謊器》第一個舞台，他警告過我們：過度複雜的舞台會讓表演失焦，結果，觀眾不喜歡這齣戲。我們花很長時間解決這問題，然而巡迴就像過濾器一樣，強迫我們簡化技術，結果反助我們調整出最好的演出。

當我們剛開始做《太田川的七條支流》時，米謝決定這一次他不要在技術上和財務上給我們設限，但這樣一來，反而造成難題。製作到三分之一的時候，我們發現自己被相當複雜、沉重的佈景和舞台機關給拖累，我們必須善用資源，想想如何在未來的舞台中利用這些東西。我們想出來的適應之道，是讓這些舞台機械提供我們要說的故事。

這種工作方法對我們的日常生活影響至深，創造我們原本不預期的需要。例如，發展《太田川的七條支流》時，我們瞭解我們可能需要一個駐團廚師，因爲我們長時間的工作，和許多巡迴旅行……，我們的組織變得有點像馬戲團，或者舊式的流浪戲班子，帶著他們的帳篷、大量行李和其他東西到處跑。

或許馬戲團的所有隨身用品，看起來都不過像是表面裝飾，但它

反映出隱藏在工作底下的現實。它告訴你,藝術家的生活和他們的藝
術,是如何滲透他們整個生活方式。講到這裡,直到最近,我們團隊
最大的匱缺仍是一個適當的工作空間,如今我們將會有消防站多媒體
中心:一個符合我們需求的製作中心,在裡面我們可以用我們自己的
步調、在適合我們的條件下工作。

荷:這改變一定對你正在起飛的國際事業產生很大的影響。難道沒有幾
個原本就設計為跨國巡迴演出的舞台?

羅:我事業起飛的後果之一,是人們忘了我們作品其實是集體創作。大部
分人很難瞭解這點。在當代劇場,我們傾向認為導演是為整齣戲負責
的人,可是一開始吸引我進劇場的原因,完全是它共同合作的本質。
因為我既害羞又膽怯,發現在劇場可以與其他人共同承擔藝術創造的
工作,這特別吸引我。

　　這也是為什麼,我很難讓攝影機靠我很近做特寫。1989年我來到
一個轉捩點,從此再也無法藏身在劇團後面。假如我的名字跟一個計
畫或一個製作連在一起,即使只是間接相關,我的名字都會被拿出來
講。我的名氣變得比我的團體或和我合作的團隊大。一切變得如此個
人化,變得不再是我參與製作群做一齣戲,而像是我的戲似的。我不
再像最初隸屬於一個團體,受到保護。而我受到的獎勵,通常也超出
我實際貢獻的比例。我知道我不是創作過程裡唯一的一個人,但情況
變得令人難以招架。

　　當我成為渥太華國家藝術中心法語劇院的藝術總監時,事情更變
得像針對我一個人。這是我第一次實際上完全掌握劇團的領導權。換
句話說,這才是我第一次扮演人們派給我的角色。

一旦你開始在一個成長中、不斷國際化的劇團裡，處理技術課題、人性分歧、財務來源，事情變得越來越複雜。一開始，一個大廳對我來說意味著兩、三百個座位，我從沒想過有一天，我會讓六百、八百或一千兩百名觀眾，填滿劇場的座位。《針頭與鴉片》的挑戰來得很突然，我必須在八百到一千人面前演獨角戲，舉例來說，我在蒙特婁Théâtre de Quat'Sous的處女秀《文西》，也只有五十名觀眾。你如何和一千個人維持一種親密的感覺呢？你只能依賴舞台技術放大，改變你在舞台上的比例。

《針頭與鴉片》這部戲我們成功地在大空間創造一種親密感，總體來說演得相當好。但基於相同理由，即使我並不討厭，我不再能在魁北克或倫敦，在二十五或五十個人面前表演了。現在這齣戲要在像斯德哥爾摩的國家劇院演出。在瑞士有典型室內劇場的傳統，知名演員也可以在五十人的小劇場演出，空間雖小，但有足夠的資源提供職業表演。我在這裡做《夢幻劇》的預算，比蒙特婁新世界劇院的年度預算四倍還多，而且這齣戲每晚表演給一百五十人到兩百人之間的觀眾看。這種事不可能發生在魁北克。

同樣的，當我還是魁北克一個小劇團的成員，對自己正處在一座很大的國家劇院，還得假裝自己是一個習慣在大劇院裡工作的傢伙這件事，總是感到震驚。你必須適應與投資相對的水平、技術方法和人力資源。而現在我們瞭解到，機器神也必須變得規模大一點，為了要跟我們以往合作過的大單位擁有夥伴關係。二到三人的辦公室已不再足夠。每個人都有助理，甚至助理還有他們的助理。我們現在是和企畫師、來自特殊領域的集體創作者等等一起工作。如今我們發現從原始計畫起來，接著必須開發資源的重要性，這樣才能夠養得起後來加入的人。

製作費用其實視場地而調整。蒙特婁新世界劇院爲《伽利略的一生》做的佈景，是該劇院史上最貴的。但這齣戲也創下最佳票房紀錄，所以最後收支打成平衡。但假如我們把相同的佈景搬到勒佩爾劇團，或現在的機器神，它可能只花費總數的三分之一。有些東西付出昂貴的代價，並不是因爲我有昂貴的品味，而是我們要推出節目的地方消費過高。由於缺乏適合的方法，加上魁北克缺乏強健的劇場傳統，這種情況很常見。

我們做過各式各樣規模的劇場，已經眞的很難說有什麼不同了。我曾替慕尼黑巴伐利亞國家劇院導演過一部莎士比亞的拼貼劇，該劇院一年預算，等於政府基金一年給魁北克省劇場的總額。這筆預算爲慕尼黑劇院創造出十二場演出，以他們那裡的規矩，也可以在任何預定的晚上，純粹爲任何他們認爲適當的理由而停演。

當我還在心中初步構想這部戲的佈景，傳眞給我的助理菲利普‧索勒德維拉，第二天菲利普就接到他們的電話，說假使我下週就要離開的話，他們可以先開始做我的佈景，之後再朝我更詳細的描述去調整。這齣戲預定在五個月以後才開始，所以我們根本不瞭解他們在講什麼。然對德國來說，這是標準程序。他們稱之爲"Bauprobe"，一種場景的彩排。你可以仔細檢查原型告訴他們：「門太小了。」他們就會拿出他們的電鋸把門變大。我在那裡待了兩天，要不是時間不允許的話，我接下來幾個禮拜都想待在那裡。

羅伯‧威爾森的戲在德國演出，他花兩個禮拜設計燈光，只有燈光而已喔！換是在勒佩爾劇團或機器神，我們做三部莎士比亞劇的連演，花六到八週之內彩排，在這段時間內，做好從演出到燈光到佈景等所有的事！然後在同一個國際藝術節上演出。

我們沒辦法像羅伯‧威爾森、莫努盧金（Ariane Mnouchkine）、或

《仲夏夜之夢》的三種舞台，勒帕吉相當大幅改變他的風景設計。從1987年在蒙特婁演出時的鋼製轉動之島，到1992年倫敦演出時的泥池，到1995年回魁北克演出他最近一個版本時，他選擇一種打開的木製舞台，露出中間一個深池，蓄滿了水。唯一不變的是動來動去的頑童龐克，由軟身表演者Angela Kaurier飾演，他在倫敦場和魁北克場都擔綱演出。

喬吉歐·思特雷勒（Giorgio Strehler）那些名導那樣工作。然而我們出現在同一個藝術節，得到媒體一樣多的關注，面對劇評家一致的標準期待，被認為擁有相同的才幹。當你和這些藝術家及其經營條件比肩而立時，你看得出其中巨大的差別。你如何拿四年前我們製作的三部莎劇連演和我們在倫敦製作的《仲夏夜之夢》相比？後者在人力、技術和物質條件上，對勒佩爾劇團時代的我們來說，根本是夢境。

　　我們剛開始做國際巡迴時，是一個十足的加拿大魁北克劇團。所有的合作者都是魁北克人，不然也幾乎都是。但我們以後不可能這樣，除非我們突然找到方法變成具備國際品質的魁北克劇團，那麼我們就可以創造出自己的巴伐利亞國家劇院。

　　為了迎合目前的需要，我們採取國際合作。我們最新的演出很清楚反映這事實。類似彼得‧布魯克的情況：他基地在法國，但作品不在法國演出，部分原因是他人不在法國，同時也因為他的演員來自世界各地。我們也逐漸變成這種劇團，一個無法嚴格定義國界的劇團。《太田川的七條支流》我們和瑞士德語區的女高音Rebecca Blankenship，和日本籍燈光設計師Sonoyo Nishikawa，還有來自法國的合作者，以及加拿大英語區人士等共同合作。為了能夠與國際人士一起工作，我們在創造力、技術、財務各方面都必須努力達到國際水準。

　　某方面我同意阿坎德在一場戲中說的：最終我們會達成我們應達成之事，得到我們所希望之物。甚至有一說法：我們的能力最後會追上野心。假如一個年輕導演，希望能在一家知名劇院導戲，而且他有足夠的資金演出二十個晚上，接下來可能是他的終點目標：成為一家知名劇院的藝術總監，達到他的人生頂峰。假如我們希望創造一齣戲，並且巡迴國際演出，我們也將找得到方法完成它。

　　當然，機器神已經在世界大部分地方擁有共同創作者了。我們已發展出特別的合夥關係。但這主要因為我們想這樣做，出口我們的戲。假如你的野心焦點在地方上，那成為地方性焦點就是你的終點。假如一個女演員夢想在蒙特婁新世界劇院固定演出，那麼當她在那裡得到主要角色，她也就得到她想得到的。

　　阿坎德告訴我，譬如說假設珍娜薇·布喬[1]想要在馬里布[2]有間房子，她的家就會在馬里布。我們達成今天的成就必須感謝很多的運氣，許多人的才華，結合在一起。他們也冒著喪失選擇某些生活方式的可能，以及失去其他工作的危險。在我得到地方性的成功之前，我就開始渴望旅行，希望去認識其他的國家；所以，我的人生就這樣成形了。

1　Geneviève Bujold，生於1942年的魁北克女演員，曾以《安妮的一千日》得到金球獎最佳女主
　角。
2　Malibu，美國加州海濱城市。

排演之後

羅：一部戲的動力，無論你導演兩遍或六十遍，基本上都不會改變。每一次你導演的時候，你會強調或不強調某個重要層面；有時候你忘情專注在某個想法上，主要因為那是個很特殊的課題，結果發現你完全弄錯方向。所以你下次會再從其他的地方試一遍。每一次嘗試，你都會比上次多瞭解一點。

看看荷蘭的繪畫吧。讓林布蘭[1]的畫顯得如此豐富，是由於不同層次不斷疊加其上的結果。這有點像照相的感光色板，上塗三原色層分別感光，一層一層疊加而達到完整色相。林布蘭的畫也應用同樣的顏色合成效果。比方他首先會在整體輪廓上抹一層紅的色調，再陸續添上其他顏色。看畫的人已經看不到一點兒紅色，但可以從表面感受某種奇妙的豐富色澤。因為所有的主題都被塗上五層、六層、七層顏料，才達到最後的結果。它不是一揮而就的作品。

這就是我在東京導演《暴風雨》時感受的印象。這齣戲我之前已導過四遍，我不想再一板一眼做。對這齣戲在根本上我已確定了某些觀念，一旦導演建立了某種觀念、某種解釋，他可以據此而導演，演員也會有些被固定化，並有所依憑。

但我不喜歡導演強加、過度定義一齣戲，但也不喜歡像簽名一樣，用顯而易見、個人化的風格處理一齣戲。當一位導演著手導演《櫻桃園》（The Cherry Orchard）或《凱撒大帝》（Julius Caesar）時，通常這齣戲會變成「他的」《櫻桃園》、「他的」《凱撒大帝》；我覺得很難應付這種期待。

當我在巴伐利亞國家劇院做莎士比亞夢境文本的拼貼劇時，藝術指導精確地期待一種獨特而不變的導演風格；當他出席定裝彩排的時候完全愣住了，他說：「為什麼你沒有做出像在倫敦的《仲夏夜之夢》那樣的戲來？為什麼這麼不一樣？」理由是，我不會把文本刻到骨子

1　Rambrandt，荷蘭最偉大的畫家，生於1606年，擅長歷史畫、肖像畫、風景畫、風俗畫，同時精於圖案繪製及版畫。他的畫多背景黝黯，以戲劇性的光源處理，突顯主題。色彩層次豐富，但整體顯得安靜而深沉。

裡去。一開始我們著手一部戲，我們修飾、捕捉意象，然後逐漸探討和處理戲的內在本質，定出戲的雛型。

人們可以這樣想，我們每重做一齣戲，會加入完全不同的元素，或者給這齣戲新的意義。我們的做法真的彷彿在同一個作品上層層疊加，每一次都希望創造出更完美的繪畫。當然，這樣做需要時間和很多次新的機會。

像彼得‧布魯克、羅伯‧威爾森、彼得‧謝勒（Peter Sellars）、喬吉歐‧思特雷勒、彼得‧史坦（Peter Stein）這些大導演，通常在想法走出他們的工作室前，已先行實驗，在進排練場以前有機會進行探索，導戲時以一種決定性的方式出現，成為其個人標籤。但對一位魁北克導演來說，這種形式的探索實際上是不可能的。

假如你要在這行生存，讓劇團活著，和其他魁北克或加拿大劇團並存，這就是不可能。所以你要選擇其他的途徑，盡可能經常地回到同樣的文本上。我希望有一天，在我做六、七、八次《暴風雨》以後，我能夠找到這部戲的正確結構，做出最後定版，並且終於瞭解這是什麼。這是一個很大的企圖：不在六到八週彩排一齣戲，不只做一遍。當然啦，也不是每個人都有這樣的特權，可以一而再、再而三做某一件事情。

荷：觀眾需要瞭解這些創造的特殊方法嗎？

羅：說真的，觀眾不需要瞭解我們探討、嘗試和錯誤的方法。評論家才需要。觀眾需要被娛樂。他們付錢看戲，希望錢花得值得，並且可以感受到什麼，或瞭解到什麼帶回家去。至於評論家，最好花點時間去了解他們在一部戲裡看到的是什麼，這樣他們在向大眾推薦或給予忠告

的時候，可以解釋他們如何歸結得到這判斷。評論家需要對作品和對
大眾品味兩方面都有很好的理解。

　　我們在最初規劃製作三個連續版本的《龍之三部曲》時，沒有一
個人相信我們做的事。因爲魁北克人口這麼少，沒有人相信觀眾會去
看同一部戲三遍。然而我們就是做到了。觀眾不但去看三個舞台版
本，很多人還回來每個版本看兩、三遍。觀眾並沒有被迫參與創作過
程。他們受邀請來觀賞結果。他們接受或不接受邀請，端賴他們對劇
團的觀感。

　　魁北克有非常年輕的劇目，和非常少的多產劇作家。我們從劇團
過去所有劇目，挑出來重新上演的魁北克劇作，只有米謝‧特罕布拉
的劇本。有些國家，像瑞士，一個劇團可以演史特林堡的一齣戲，演
個十五、十六版。在法國，人們很少去劇場是爲了發現《僞善者》[2]或
《無病找病》[3]，這些戲他們已經看過太多遍了。所以，在這些國家，劇
場取得一種博物館般的地位，是魁北克尚未達到的地步。

荷：你是否做了某些調適，以滿足歐洲觀眾和本地觀眾不同的期待？

羅：你必須讓你的眼睛張開向外，並保持警覺。舉例來說，我們做莎劇連
　　演的決定，不太爲魁北克法語區的評論家所理解；換到世界其他地
　　方，便沒有這個問題。一次演三個戲的單純事實，對魁北克來說只是
　　一場活動，因爲法語區的人並不眞正認識莎士比亞。

　　　把米謝‧加赫諾（Michel Garneau）翻譯的《馬克白》，用法語在
　　蒙特婁五十名觀眾前面搬演，並讓蒙特婁劇場雜誌《戲劇》爲它寫篇
　　報導，並不表示人們完全瞭解它的意涵。評論比較、分析、談及其他
　　的戲、談及其他的演出手法、不同的詮釋，對有劇場背景的人來說是

2　　Tartuffe，1664，法國喜劇家莫里哀的名劇。
3　　The Imaginary Invalid，1673，法國喜劇家莫里哀的名劇。

有趣的，但對更大範圍的一般民眾來說，一點用也沒有，因為他們本來就知道得很少，對這些討論缺乏第一手知識。

　　隱藏在一次推出多齣莎翁劇的背後想法，是我們希望讓莎士比亞的戲更廣為大眾所認識。那一次演出可以讓我們學習很多，但實際上，它絲毫不會反映在媒體封面上。我經常重複評論家雷弗斯克說過的一段話：他建議我們不該低估群眾的智力，但也不該高估觀眾的文化水平。這是句好話，但我發現它以一種奇怪的方式被證明。

荷：在這方面，你的戲和對戲的詮釋，對於早知道這些作品、也有能力做比較的觀眾來說，會不會比較容易接受？

羅：不。假如你一開始就想著觀眾會瞭解每件事，充滿知識，你會有問題。基本上，讓魁北克觀眾來看戲，然後發現一部新戲，這就是我們一口氣推出三部莎士比亞的所有理由了。觀眾需要盡可能看許多戲，無論是否對戲有感覺。

　　在魁北克市，基本上莎士比亞從未上演；在蒙特婁，假使《哈姆雷特》或《李爾王》（King Lear）推出沒有成功，那麼就要再等五年或十年，我們才有機會再看到這個劇目上演。導演從世界劇目中，挑選一部古典作品到魁北克首演，他將會面對一個非常不同的問題：假如不是根據某種基本規矩演出，通常很難被理解。有時我們得等待一齣戲的重新登場，才有機會看到它達到藝術上的自由。

　　魁北克人不太閱讀古典作品，我們也演得不夠多。即使評論家也必須從世界其他地方，如倫敦、巴黎、史特拉福[4]等，瞭解世界正在演些什麼。假如劇場社群願意擔任教育群眾的工作，我們必須自我奉獻，盡可能經常推出偉大的作品。

4　Straford，莎士比亞的出生地，皇家莎士比亞劇團在此經營三家劇院。

戲劇《仲夏夜之夢》。

　　我們在蒙特婁美國戲劇節連演三齣莎士比亞，把我們劇團給累翻了，戲不是做得很好，每件事都不是那麼順利。但是，劇院擠爆了，大家都喜歡那些戲。因此我們計畫一部分繼續進行。但假如我們在更大觀眾席前面演出將會更成功，譬如在大型戶外場地如蒙特婁群島公園（Parc des Îles）或魁北克亞伯拉罕平原（Plain of Abraham）演出會更理想，因為我們的終極目標是讓法語系群眾發現從來沒看過的好戲。

　　現在，回到稍早我提出博物館地位的想法上。依我之見，我們必須一再地讓觀眾看到全世界劇作家的作品，而特別在魁北克，我們還應該看見更多魁北克劇作家的作品。目前，我們沒有在做這項必要的基礎工作；我們必須創造更強的民族劇目，因為我們不能總是重演已經存在的劇目。我們必須消耗現有劇目，時常重新體驗，這樣才能讓它真正成為定目劇。

　　幾年前，我們曾搬演魁北克劇作家高維侯（Claude Gauvreau）、德夏赫莫（Réjean Ducharme）、德布（Marcel Dubé）等人的作品，但持續未久，我們應該時常回到這些作家身上，這樣才能真正建立我們自己的文化。

　　這就瞭解為什麼我們經常要辯護魁北克劇場存在的關鍵。沒有人會因為一場壞展覽，或極富爭議的決策，就否定博物館存在的必要。當渥太華國家藝廊展出巴內特‧紐曼（Barnett Newman）的「火之聲」（Voice of Fire）或亞娜‧史特爾巴克（Jana Sterbak）肉做的服裝時，興論撻伐焦點在博物館審查通過申請的政策，而非質疑博物館是否該存在。即使蒙特婁新世界劇院都沒有得到如博物館一樣的地位，能夠公開聲明它自己的美學政策。我的意見是，在開發定目劇上我們還有很多要努力的，現在根本什麼都沒有。

聲音與光線

1994年9月我們在斯德哥爾摩做第一階段訪談期間，勒帕吉總是從他導演《夢幻劇》的工作中休息週日與週一兩天，然後再飛往巴黎為他的影片《告解室》做剪輯。經過一整個秋天的加班後，到了冬天和春天，後續的後製工作又把他帶到倫敦和蒙特婁。我們最後一次訪談在魁北克，那是1995年的5月初，《告解室》在坎城影展首映的前夕。

時間點的關係，我們無法忽略勒帕吉同時擔任導演和製片的電影即將首映的這個話題。或許因為勒帕吉職業生涯的關係，至少到當時為止，他跟劇場遠比銀幕還親密。當我們討論其他主題的時候，和影片有關的話題是以突然穿插的方式加入。通常，我們在勒帕吉實驗過的不同藝術形式之間做比較。

談到關於視覺和聲音的各種技術人員的關鍵性貢獻時，勒帕吉說他們的重要性：「是創造或毀滅一部片」；同時他懷疑演員在影片中的重要性：「當演員拿到劇本和正式上台之間做的工作——準確地說正是劇場演出的成功關鍵——在影片中是否扮演同樣重要的角色呢？」如此這般，談到建立電影幻覺的兩大重要支柱：聲音與燈光，也便自然談到這兩大要素在舞台上的重要性。

影像和劇場的關係近年來變得越來越引人注目。羅伯·勒帕吉第二部電影《測謊器》改編自一部舞台劇；於此同時，影像在他最近的舞台作品悄悄攀升到更重要的位置，如《愛爾西諾》和《太田川的七條支流》。事實上，最近這部集體創作的第一段題名，正是「移動的圖畫」（Moving Pictures）。

光 線

我們對光線的功能的討論，顯示勒帕吉和另一爲複合型藝術家勞麗·安德森（Laurie Anderson，勒帕吉曾透過彼得·蓋布瑞爾的唱片公司「眞實世界」與他接觸）有某些相似的看法。

1995年春天，勒帕吉在安德森最新的書《從神經聖經來的故事》（*Stories from the Nerve Bible*）中，讀到一個令人印象深刻的想法：現代社會聚眾場地的聲光技術，取代了舊時代社會的篝火。與我們在1994年9月在斯德哥爾摩一次談話中所激盪的觀念，以及訪談前提，可說不謀而合。

羅：火總是讓人們聚在一起。在夜晚，巨大的黑暗之中，我們圍火而聚，互相傾訴各自的故事。火從以前，便在人類重要活動中扮演重要的角色：奧林匹克運動會以點燃聖火作爲開幕。聖火並非爲了照亮整個運動場，而是作爲大家聚在一起的一種象徵。當人們聚在電影院裡，在黑暗中全體前傾而注目時，唯一的光源就是螢幕。彷彿圍看一把火，一道形狀和顏色不斷變動的光源。

　　光的凝聚作用是深奧、具有神話性的。十五世紀起，日本人每年舉行一種在夜間舉行的光的節慶——能劇節。他們點起巨大的篝火照亮整個舞台。不管你認爲那是一種藝術形式或是娛樂節目，反正節慶的目的在頌揚光。影片工作使我更確信，這是一種集會，因爲光線是它最原始的存在狀態。

　　在電影中我們認得一個角色，或判斷任一角色的重要性，直接根據他或她出現在螢幕上的秒數。另一方面，在劇場中，吸引我們的是事件、儀式，以及角色在這場儀式中擔任什麼樣的職務。我不眞正知

道該如何解釋，但舉例來說，像《龍之三部曲》，即使我們認識某個劇中人物，其個人歷史卻遠不如他（她）的行動、行動發生的地方、相對的時間，還能吸引我們。

需要的話，劇場可以沒有光；但電影，終究是光在某特定地點的演出。光發生多長，影片就有多長，一切都是光在投影幕上的印記。演員在影片中，只是一個發光的印象。或更準確地說，演員是被概略化、被放大或減低的發光印象。

有兩次，當我們預備拍攝《告解室》時，有人給我一種叫導演取景器（director's finder）的禮物，它是一系列可調整的透鏡，幫助你決定用什麼構圖、什麼鏡頭、什麼鏡位；換句話說，決定光線怎樣通過攝影機是最好的。電影是被工具所定義的藝術。它是微觀的，就文學性或比喻性皆如此。像放大鏡一樣檢查人們的心靈和話語。

在電影裡，你無論把鏡頭推遠或拉近，對拍攝客體來說，都是一種接近它的方式。你在劇場不可能這樣做。但是有時人們會自陷泥沼，嘗試做一種分析劇場，試著讓觀眾看到用放大鏡才能看到的東西。可是，劇場是一種宣告的藝術，必須大聲吶喊它的訊息，到最後一排的觀眾都聽得到。劇場用微觀是感覺不到的，除非在很小很小的劇場，像房間般的劇場。

我喜歡影片給我的選擇。但有些東西適合用放大鏡看，有些則適合遠距離。所以有些東西適合用影像呈現，有些適合在舞台上發生。

拍攝第一部電影《告解室》的期間，勒帕吉嘗試透過攝影機的取景器來觀看世界。（Ex Machina 提供）

聲音

> 挾「幻覺製造者」之美譽，羅伯・勒帕吉往電影發展似乎是自然
> 而然的一步。更有甚者，加拿大評論家一致稱讚他首次導演就有驚人
> 的技術成熟度。然而在我們談話中，他對他燈光獨特而例外的用法，
> 並沒有說太多，反而強調聲音對他拍電影和做舞台劇時的重要性。

羅：人們總是討論我劇場影像的部分，鼓勵我拍電影，因爲我作品的視覺
特質，認定影像會是我出類拔萃的媒介。然而我把影像看成是書寫和
聲音的媒介，甚至對我而言，廣播才是眞正的意象媒介，因爲收聽者
在腦中創造了自己的畫面。

　　我一直希望做一個廣播主持人。高中時我對廣播很有興趣，甚至
在我高中最後一年，翹課廝混學生廣播電台。最近我想到一個點子，
把《暴風雨》的排演空間搬上舞台，會這樣做，大部分是爲了實驗如
何在沒有巧妙機關和服裝的情況下創造幻覺。我們會鼓勵演員用椅
子、桌子、日常生活道具去引發想像是一種方法；但終極結果，廣播
劇般的效果才是最好的解決之道，讓聆聽者自行創造想像。我認爲我
不會拒絕接受寫一個廣播劇的邀請。

　　電影剪接更讓我學到：實際上定型電影的是聲音。人們觀看畫
面，以及更多的畫面，但是沒有聲音的話，這些畫面如何串聯？如何
結合爲一體呢？讓我們想像當我們看路易・馬盧（Louis Malle）的電
影《死刑台的電梯》（Life to the Scaffold）中著名的開場，而沒有爵士
大師邁爾・戴維斯的音樂，那會剩下什麼？

　　伯格曼說：電影是三度空間藝術；聲音是第一度空間，影像是第
二度，兩者交會創造第三度空間。無聲的影片沒有語言，因而也沒有

空間維度。聲音告訴你要看些什麼。假設說我們正在拍攝場景,當你看著你的錄音機,我卻想要人注意我的眼鏡時,我用我的手指輕拍眼鏡,吸引每個人把注意力放到我身上,我用的是聲音,弔詭的是,必須使聲音出沒得不露痕跡,聲音的效果才成功。

當我聽到阿坎德在剪接《蒙特婁的耶穌》[1]時做的偉大解釋:「聲音在影片中最大的價值,就是不被注意到。」對我來說,這可真是一大發現。

同樣的道理也存在我的劇場上。《龍之三部曲》有一場溜冰華爾茲:軍人以溜冰代表戰爭的破壞,他們打散了象徵家庭的一堆鞋子。如果沒有羅伯‧科的音樂就產生不了這麼大的力量。同樣的效果也發生在《針頭與鴉片》中許多場景。

除了音樂,《針頭與鴉片》的力量很多來自文本。使人們感動的不是考克多說了什麼,而是考克多說話的方式。他話語的韻律反映他所說的是什麼。加赫諾(Garneau)翻譯的《馬克白》也有異曲同工之妙,他發揮了莎士比亞台詞的音樂性。我相信一個演員說的台詞是音樂。當劇場文學有音樂性的時候是很強的,假如我們被迫以非自然的方式說台詞,聽起來就像用唱的。

莎士比亞的力量就在這裡:文本的回聲反映言說的內容、角色的心情。《愛爾西諾》一劇我們也做很多工作,顯露莎士比亞文字的音樂性,還有文本的意義。

導演歌劇,刺激我對聲音有更多的想法。在劇場我們經常被潛文本絆住,花費時間研究:藏在這場景裡面還有什麼意義?什麼藏在這句話裡?但在歌劇裡,潛文本就是音樂。你可從中發現作品的意義,即使演員僵硬地站在台上,因音樂承載的東西,整體表演還是散發著活力和能量。

1　Jesus of Montreal,阿坎德1989年的電影,勒帕吉也參與該片演出。

蛋糕烤盤的真相

羅伯·勒帕吉的舞台製作最常被形容為「在工作過程中」，以最好的說法來講，意思就是不精準。將一齣戲視為一持續進化的客體，這就是羅伯·勒帕吉劇場工作的主要概念，也因而產生許多詢問和批評，通常針對著同一問題沸沸揚揚：何時我們才能說一齣戲「就位」（ready）了？1995年5月9日，導演藉由引用烹飪的意象，如此回答：一切歸結於你如何烘焙、選什麼鍋盤、放什麼麵團進去。

羅：因為我們工作方式的關係，我們面對的是，我稱之為蛋糕盤的真相。舉例來說，假如我們做兩小時的喜劇，我們需要一只小小的天使蛋糕的平底盤，快速填滿，快速烹烤。但如果要做一部七小時的長篇英雄冒險記，像《太田川的七條支流》，鍋具就必須大得多。當你投入的材料是團「混合物」，很明顯地，除非它碰到鍋緣，除非它剛好填滿烤盤，不然蛋糕發不起來，或者烤出來的東西很薄。

　　一齣戲不必一定需等到全部完成，才在公眾之前演出；任何情況下，戲劇每演一遍就會成長一點。很重要的是，它必須發展到一定水準才上舞台，並且標準隨不同的製作而異。有些戲發展得相當完整才端上舞台，很多不是。

　　當人們發現我們的戲太薄弱和太表淺，不是因為我們沒說出什麼，而是因為在觀眾看到的這當下，我們的材料還不足夠具體，它仍然在暫時性的舞台上，我們仍在實驗室打造它。

　　以《太田川的七條支流》為例，我們顯然不應該在愛丁堡那樣官方的活動裡，作為首演。這個藝術節挑選我們做開幕演出，在八百個座位的空間，原先我們想像是二百個座位，較小的劇場。但我們居然還勉強同意舉辦一個公開的工作坊，在排演舞台上發展一系列最好的

元素，對方容許我們跟大眾討論我們的工作方法。

　　貝赫納切茲是對的，他延長我們排練時間表到冬天，到了1995年春才適合在公眾面前排演。這決定使得混合物頂到鍋邊，也就是各項條件齊備，而開始在到達那美妙的平衡點上，膨鬆起來。

　　未來當我們創作一齣新戲，我們不會再承擔類似契約：在一個限定日期擔任首演大戲的重責大任；這應該是消防站多媒體製作中心將扮演的角色。它不是獨占性的劇場，它比較像工廠，讓我們在一個可控制的環境裡研發我們的創作。

　　《太田川的七條支流》經過一個春天的時間，犯過錯誤，而戲繼續進化，這過程更堅定幾年前我們成立「機器神」時的信念。事實上，劇團將依照前面我說的烹飪原理而經營。但現在我們的烤盤是全球了，而且包括大量的訓練。我們將需要大量的麵團來填滿盤子，製作蛋糕了。

Paradoxes

矛盾逆論

自由與奴役

但是自由乃從奴役開始，而主權則從依附開始……，看起來我似乎必須是依賴的，以終於瞭解身為自由人的安慰；此屬千真萬確。

戴格曼（Stig Dagerman），《我們對安慰的需要》（*Our need for consolation*）

自由和拘束的概念在我們的對話中以兩種形式出現：第一是光亮面，劇場是一個蛻變的場所，這個想法在莎士比亞《暴風雨》中，有點神秘地被轉變成矛盾逆論；然後是陰影面。

我們討論到勒帕吉在勒佩爾劇團的工作，那裡他充滿創意的靈魂，找到了自己的聲音，並且解放自我；而在這以前，那個劇團有一種被拘禁的感覺。從他的許多想法都可以發現，自由在生活中顯現，而藝術家的藝術，同時顯現生活的亮面和暗面，就像銅板的兩面一樣。

劇場在飛行中具現

荷：群眾其中一個會注意到、並且感到欣賞：在你的作品之中，人、事、物經常在觀眾的直視下經歷轉變，並展現嶄新的外表或意義。是什麼使得這個手法如此重要？

羅：人們走進劇院，經常無意識地目睹到變形。某方面來說，這種事可以很簡單的發生在一位年輕的演員扮演年老的角色上：聲音改變，透過化妝，臉部也有所變化。但是，劇場的轉變更具精神層次，特別發生在演員被角色所束縛，或者是角色被演員束縛，端看你從什麼角度去看。最後，我們發現從敘事本身也具有轉變的契機：透過劇本，角色

接受不同的測試，促使他們歷經蛻變。

能歷久不衰的劇本，至少我做過的那些，經常能在其中發現某些轉變形式：《馬克白》、史特林堡的《夢幻劇》、或是再誇張些，《仲夏夜之夢》：我們看見丑角巴頓變成了驢子。

蛻變是儀式的核心。舉例來說，基督教彌撒，神父把麵包和葡萄酒，變形為耶穌的身體和血液；這就是一個關於蛻變的儀式：整體彌撒儀式凝聚在蛻變的這一刻。事實上，《告解室》開場臺詞一部分來自彌撒儀式的時刻：「這是我的血，嶄新、久恒誓約的血。」這部電影從一個儀式開始，或者講得更精準些，從皮耶‧拉蒙塔尼的父親葬禮開始，而隨著影片的進行，我們看到皮耶蛻變成他的哥哥馬克（Marc），這個轉化的戲劇性主要從外貌改變來呈現，這也是我們最終要看到的事：我們好奇這名角色會怎樣，他將如何蛻變。

蛻變現象存在所有文學裡面，但在劇場，蛻變不會做任何解釋，而讓觀眾親眼目睹。拿史特林堡的《夢幻劇》來說，戲劇行動縱跨一個世紀之久，有些角色在整個世紀裡保持原貌，另一些則是一天中就老了十歲或六十歲。最終，整齣戲圍繞著時間流逝所加工的變化旋轉。

我非常注重角色產生蛻變的戲，但我也重視場景和主題有所蛻轉的戲。在一個舞台上穿越時間和空間，到無限去旅行，實在讓人難以置信。但是這個發生在舞台上的蛻變，讓這種旅行成為可能。

荷：你非常堅持實質方面的蛻變：佈景移動，角色的外表改變等等。一齣戲的意義、它的要旨，似乎經常出現在我們於舞台上看到的物件。你如何從如此堅硬、機械的舞台道具上抽取出劇本需要的意義？

羅：我想，我們太想要發掘主題或是解釋事件給觀眾瞭解，而不是很單純

地講個故事，讓舞台上展開的一切來做那些工作。我覺得，若我能一直清楚察覺到舞台是個讓物質蛻轉的地方，那我就能夠或至少可以試著讓觀眾實際感覺到戲劇動作和劇中角色正朝哪個方向飛奔；從表面上，那可能是佈景的自行轉換；從象徵上，則可能是我們選擇訴說與呈現故事的方式。所以，蛻變並不只是一種思考的模式，而是創作的整體基礎。

有時候人們會問我：「這裡是什麼意思？」或許這樣問會比較好：「這裡發生了什麼事？」我發現舞台上人們最常注意到的是行動，行動吸引了觀眾的注意力，讓他們願意留在座位上並且引導他們，等到演出結束時，他們才瞭解到行動背後隱藏了什麼。所以我想，就算是一些比較艱深的劇本，行動比較晦澀不清，觀眾仍然可以輕易地抓到重點，為之感動。你必須要讓表演自我形塑，讓意義能自由浮現。

即使這可能聽起來有點矛盾，有時候解放意義也可能包含：以精確的指示來限制演員。自由和約束之間弔詭的關係，是藝術創作的獨特魅力之一，我的作品《暴風雨》演出時便是這樣，有很長一段時間，我非常不滿意莎劇連演裡的這一部，可是到了最後，它卻變成連演裡的三齣戲裡最有力的一部作品。等到1993年11月我們到了東京，我終於開始能享受這場演出了。我發現有好多位曾經演過這劇本的偉大歌舞伎演員，來看我們戲時也哭了，因為他們瞭解到我們作品的自由，因為這個劇本的意義如此清晰地浮現出來。但若是要這麼長的時間才能達到這個效果，全是因為自由以弔詭的方式呈現自己。

彼得‧布魯克也導過《暴風雨》，他的版本多少引導我到這條軌道來。第一景，暴風雨的場景，從第一刻開始就是極端不尋常的場面，而且極端依賴演員。但在那之後，我發現戲劇張力略為往下掉，整體演出效果又回到較為傳統的感覺。

《無能無不能》的電影海報。 (Shumacher Design 攝)

《無能無不能》中穿插加拿大館演出法國劇作家費多的鬧劇《馬克西姆來的小姐》，圖中穿白衣是女主
角蘇菲（Sophie），由Anne-Marie Cadieux飾演（她在《在月球的彼端》飾演勒帕吉的母親）。（Takashi
Seida 攝）

羅伯‧勒帕吉在《無能無不能》拍攝現場（左邊穿黑衣站立者）。（Ex Machina 提供）

《無能無不能》發生在大阪世界博覽會，圖爲劇組正在拍攝觀眾在加拿大館觀賞演出。（Ex Machina 提供）

勒帕吉在電影《在月球的彼端》中飾演主角菲利普。　（From movie "The far side of the Moon"）

電影《在月球的彼端》一開場，滾筒洗衣機的窗戶變成登月小艇的窗戶。

(From movie "The far side of the Moon")

自助洗衣店也是連結主角現代與過去的重要場景。 （From movie "The far side of the Moon"）

勒帕吉在劇中一人分飾兩角，圖為菲利普的弟弟安德列。 （From movie "The far side of the Moon"）

《暴風雨》是勒帕吉的莎士比亞連演最成功的部分，是他爲莎翁劇注入戲劇的創造性過程——從排練房內（上圖）逐漸移轉到完全著裝的過程（下圖），主角普洛斯彼羅和劇作家之間通常被認爲有所影射，勒帕吉給予這種關係一種新的扭轉。（上圖：Tilde De Tullio-Federico Brandini 攝；下圖：Ex Machina 提供）

透過卡里爾（Jean-Claude Carrière）的美妙翻譯，布魯克在前言中說：本劇的關鍵字是「自由」，其實這是普洛斯彼羅（Prospero）的最後一句臺詞，本劇最後一個詞便是「自由」。在讀劇本時，若把這件事放在心裡，你會發現整齣戲談論都是奴役和自由：人們發誓要解放他者、解放自己，或者變成他人的奴隸。因此布魯克決定他應該解放演員，把他的製作放在空的舞台上演出，看不見任何舞台道具。

在發現布魯克的想法之前，我已經讀過劇本幾次，而我自己認為這戲應該把景設在排練場，那是演員讀劇和即興創作的地方。這真是跟地獄一樣可怕的惡夢！沒有效果，而演員寬宏大量，他們很努力嘗試，但是從一場接著一場的表演中，他們完全沒有進步，持續地要求我幫他們拉走位，給他們明確的指令。但是我拒絕，告訴他們，只要單純地表演內心的感受即可，聽任自己的內心引導，他們很明顯地有這個能力嘛，在排演過程裡已經證明這件事，為什麼演出時做不到？

儘管如此，這實驗性的做法在觀眾看來仍舊不錯，大致說來，《暴風雨》在三齣戲裡獲得最好的評價。不管人們是否喜歡我們的莎士比亞三部曲，不論他們是否喜歡這些劇本，人們似乎都欣賞《暴風雨》的基本原則。在我心中，這份欣賞是可以理解的，因為我的概念終於發生作用，還有因為我們停止即興創作，我們最後終於做了不可改變的決定。

在《針頭與鴉片》，我們為了要製造飛行、魔法和驚奇的印象，一開始把所有東西都固定住。要創造超越的印象，得要先擁有束縛。你遠離自由，你需要馬具和韁繩，然後你飛行。在《暴風雨》中，自由來自於我們最後把所有的東西都精確地固定下來。一旦這些被掌握和引導，演員反而可以以自己解放劇本的精髓。若想使劇本的意涵毫無束縛，演員們就必須被監禁。

夢境的監牢

夢境變成真實（然後你就被困在其中）。

羅伯‧勒帕吉，速寫簿裡的註記，倫敦，1991年11月

羅：我們從戲劇藝術學校畢業後，我跟弗雷謝特（Richard Fréchette）是唯二沒有被職業劇團錄用的畢業生，所以我們參加了三個星期柯奈普（Alain Knapp）在巴黎辦的工作坊後，我們創立了自己的劇團：「嗯…」劇團（Théâtre Hummm...）。名字來自於巴黎漫畫家佛海（Fred）所畫的著名漫畫之中臺詞的擬聲。

1979年1月，我們在酒吧裡推出我們的第一場表演，叫作《日常攻擊》（L'attaque quotidienne），內容與每日小報有關，我們從結局開始，因為人們在讀這些小報時經常從最後一頁看起。我們的表演是集體創作，還有日常觀察，以及在藝術學校和魁北克劇場界裡盛行的方法集合而成。

在藝術學校裡最刺激的練習，便是觀察日常生活：我們去城裡，從日常生活找一個角色，就算是寵物店裡的寵物也可以，然後我們回來發展這個角色，並創作一場短劇。1981年上演的《星期六晚上的計程車》（Saturday Night Taxi）便是根據日常生活的觀察創作而成。

我必須這麼說，我花了滿長的時間才跨越在藝術學校所學到的方法，停止做那些能取悅老師的表演，這也是魁北克劇團常有的問題之一：藝術學校教了我們這麼多東西，但身為一名藝術家，我們得花一段艱困的時間，試著把自己從過去的訓練解放出來，以發展自己的創作。馬克‧多黑（Marc Doré）教我們的原則是，在日常生活的事物裡找到戲劇，起先極為自由，但你得要能超越它。

　　1980年，我被要求替勒佩爾劇團導一齣戲，它的名字是《學校，這是中學而已》（L'école, c'est secondaire），頗具諷刺。勒佩爾位於魁北克郊區里拜斯（Lévis），由雷薩（Jacques Lessard）和伯納德（Denis Bernard）、那迪奧（Michel Nadeau）、洛伊（Irène Roy）及邦尼爾（Bernard Bonnier）所創立。它有個不錯的開始，有一些成功的例子，但他們的戲並沒有眞的大受歡迎。

　　除了導那場戲之外，1982年之前我跟勒佩爾沒有其他直接的關聯，可是早期我跟弗雷謝特曾試著跟他們合作，因爲我們的劇團缺乏經費，一直沒有如願，直到1982年。因爲1981年底發生了一些事，事情有了轉機，勒佩爾劇團的士氣相當低迷，他們實際上沒錢，甚至擔心會失去補助，所以我們跟雷薩提議要用他們剩餘的經費一起創作，這些錢對我們來說已經非常足夠。然後我們做了《等待》（En attendant），在這一次成功的合作之後，雷薩邀請我們加入「勒佩爾」，「嗯…劇團」宣告功成身退。

　　《等待》在某方面來說，結合了雷薩有關勒佩爾環（Repère cycles）[1]的創作理論，以及我們在先前作品中使用的直覺方法。我們對劇場的理解，跟他們有很多相似之處，而且勒佩爾環提供我們很多手段，刺激和精進我們的創作語彙。在勒佩爾劇團，爲我們之前在「嗯…劇團」累積的經驗增加份量。

　　對我們每個人來說，這些環代表不同的東西，產生不同的結果。有些人很適合把這方法當作一種創意工具，雷薩認爲解釋要勝過實際操作。事實上，有很長一段時間，人們對於勒佩爾法和它產生的結果感到困惑，他們傾向認爲，假使跟著這些方法走，他們也可以做出羅伯‧勒帕吉風格的戲，這種信念是雷薩一直想要破除的，他在大量演講中都提到這點。

1　前面原註提到的RSVP環，是英文的資源（Resources）、譜記（Scores）、評價（Valuation）、表演（Performance）的縮寫；而勒佩爾環，則是資源（Ressource）、譜記（Partition）、評估（Evaluation）、表演（Representation）四個法文字的縮寫。

　　勒佩爾劇團是很多很棒的集體創作者的家。自從我們加入之後，這個劇團的發展就跟我和弗雷謝特當初的期待一樣，但如此一來，我們也變成了它的囚犯。夢想一旦變成真實，它將監禁做夢的那個人：你希望一個理想的劇團成形，以某種特定方式營運，朝著明確目標前進。然而等到這些都實現以後，你發現這一切並不如原先所想像的那麼自由。

　　我們全部的人，包括我、弗雷謝特、洛伊、雷薩和邦尼爾等，都希望能創造一個不只是給演員，而是給演員─創作者的共同場域。瑪莉‧米可、姬格娜、安德烈‧尚（André Jean），他們很早就加入我們，而且不限於表演。安德烈不想把他自己侷限在一件事情，他想寫作、導戲和表演。有一陣子，勒佩爾劇團是魁北克城唯一的多領域劇團，這很值得珍惜，我們是最早從事即興演出競賽的團體之一，這在之後於此地蔚為風行。我們總是在尋找新的事物。

　　在我們《頂尖勒佩爾》（Top Repère）演出的那幾個晚上，我們有一些獨角戲，也有根據詩、音樂等所創作的表演。很多十分鐘的短劇是在那些夜晚創作出來的，日後它們被加入到其他的表演，或是被拿來發展成全新的演出。

　　最初，勒佩爾的活力來自於我們希望鍛練自己的強烈渴望。待在劇場學校裡得到的探索新領域的機會，在職業劇團很難辦到。一旦畢業後，你就不被允許犯錯。假使勒佩爾劇團是由藝術學校的老師在經營，而且他喜歡這樣的工作方式，希望吸引畢業生不要透過研究場景，而是從公開的工作坊學習，那麼這個劇團就能長久地保持遊戲和實驗的精神，就像在學校教我們的一樣。

　　在藝術學校的課堂上，安德列亞（Guillermo de Andrea）讓我們讀一段布萊希特的台詞，類似：「我離開了學校，因為我沒有其他東

西可以教老師了。」他認為布萊希特有一點自命不凡，我卻覺得這想法相當有趣。事實上在多年之後，這想法有了全新的意義，因為我遇見了尼葛洛龐帝（Nicholas Negroponte），麻省理工學院媒體實驗室的創辦人。

我們第一次見面是在蒙特婁的科技會議上，再來是在英國與彼得・蓋布瑞爾共進晚餐，蓋布瑞爾邀請尼葛洛龐帝來一同討論位於巴塞隆那科技主題公園的企畫。尼葛洛龐帝講述非常多有關科技的新發展和新方法，他跟我們解釋：有些文化最終將會瞭解到，教育並非由教師傳向學生，而是由學生傳至老師。所以，電腦不只能提供學生全方位資訊，學生遲早要面對以自身邏輯演繹的電腦世界，這將啟動一種透過對話的學習模式。對我來說，導演也遵循著同樣的邏輯。我們必須詢問演員問題，而非回答他們的問題。這方法深刻地改變了劇場動態，雖然不是每個人都準備好玩這種遊戲。

我們通常把教育當作是提供答案給還沒發問的問題，老師主動給予學生資訊，例如加拿大的人口數量是二千七百萬，或是珠穆朗瑪峰海拔標高8846公尺等。一位好老師應該要能成功地激發學生的好奇心，讓學生真想要了解加拿大的人口總數和珠穆朗瑪峰的海拔高度。老師要能創造求知的好奇心，同樣道理，最有趣的劇場是要能從觀眾心裡引發一連串的問題，而不是輕易地提供答案。

勒佩爾劇團具有這種問問題的劇場特質，也鼓勵觀眾做同樣的事情。但到了某個程度，經由每個人的錯誤，包括我和雷薩、邦尼爾等人的作品，勒佩爾開始提供答案，變得制式化，給予像是真理的解答，但在從前卻只是疑問而已。同時我們也變得或多或少被劇團的風格所束縛，被人們的期待所束縛。

蒙特婁「新實驗劇場」（Nouveau Théâtre Expérimental）團長榮

法德（Jean-Pierre Ronfard）和稍晚的葛萊佛（Robert Gravel），就不斷跟這種困境工作。他們曾有過一些神來之筆，但也有不怎麼成功的時刻，不過我總是喜歡他們的演出，就算是不怎麼成功的部分也是如此，因爲他們的戲一直保持高度的自由，有能力簡單地說：「這是個很好的問題，但它還沒成形」，或者：「這不是個正確的問題」。

　　新實驗劇場可以如此保持其自由的原因，在於它是眞正的實驗劇團，它的成員不是依劇團收入維生，而是藉由演出電視劇或是在大型劇團導戲等方式，賺取生活費。勒佩爾劇團沒辦法負擔這種方式，因爲劇團是其成員的主要經濟來源。勒佩爾劇團位於魁北克市，在那裡沒有電視或是大型劇團的市場足以維持常態的演出，這成爲我們得面對的阻礙，想要從事實驗以刺激、啓發大眾的同時，我們還必須爲生活賺錢，即使有好的補助，我們仍然無法調和這兩大目標。

　　如果說勒佩爾劇團是羅伯・勒帕吉式語彙的訓練基地，其他技巧也在這裡逐漸成形，它庇護了某些衡突。數年之後，在研究、製作、巡迴演出上，極度不同的方法，在勒帕吉和雷薩的作品之間發生分裂，前者的作品常在四處巡迴，而後者的活動則紮根於魁北克市。

羅：從《等待》演出後，我跟弗雷謝特、雷薩被要求到蒙特婁表演，但雷薩卻說我們不應該去，這賭注並不安全，我們可能會被人家佔便宜之類的。最後我們漸漸覺得，他有點害怕離開魁北克到別的城市演出他的作品。

　　1984年《循環》在眾多讓人印象深刻的國際作品之中，贏得了雙週國際劇場節（Quinzaine Internationale de Théâtre）的首獎，來自

《龍之三部曲》融合了東西方的文化。（Claudel Huot 攝）

加拿大各處的補助湧進劇團。然而，雷薩仍然抗拒旅行演出，主張我們有其它的優先事項，在這時，我認識最安靜的人之一的邦尼爾，他用拳頭大力捶桌子說我們應該去。

《循環》的旅行演出，徹底地為勒佩爾的作品重新下了定義，而且開創了這個劇團的國際生涯。這個概念在之後滋養了《龍之三部曲》，促成其誕生，我們從一個國家的邊界旅行至另一個國家，特別是我們在加拿大的中國城所度過的時間，對創作《龍之三部曲》很有幫助。

問題在於，我計畫的成功接管了勒佩爾，也令勒佩爾感到有點窒息。我們的優先任務被轉移到巡迴演出上，某些工作與巡迴無關的成員被迫噤聲，因此很快地，勒佩爾劇團變成兩部份。起初，我們把此視為資產，告訴自己我們擁有一個以本土家鄉為根基的分部，由雷薩主持，負責研究和訓練；還有一個國際分部，負責創造劇團的名聲，巡迴演出和資金來源。但這兩部分無法繼續相處，甚至引起嚴重衝突。

我在1987年一度離開勒佩爾劇團，因為這種運作方式不再行得通，而後我又回去一年，因為雷薩答應要改造這個劇團，要建立兩個正式的部門，這承諾讓他有一段很難熬的時期。很多人對勒佩爾具有重要性：姬格娜、貝赫納切茲，他們已建立起自己的名聲，也試著要重建這個劇團，讓它能容納兩種不同角色，但是雷薩的方法使真正重新定位不可能實現。所以1989年，我永遠離開了勒佩爾，前往國家藝術中心。漸漸地，其他成員也陸續離去，最後這個劇團便逐漸消失。

在勒佩爾發生的衝突，變成劇團腳上的一根真正的尖刺，阻礙它變成應有的樣子。因為這樣，我們對「機器神」的夢想是，成為勒佩爾無法達成的多領域和實驗性的劇團。

必要的欺騙

羅：根據我的理解，劇場的藝術從整體上來看，完全以欺騙為中心：知道什麼時候要對觀眾耍些把戲，何時應該欺騙他們，何時不該這麼做。在生活裡我們可能會自問，做愛和性交之間的界線在哪裡。同樣道理在劇場：欺騙是這遊戲的必要部分，但有時你用得太過分了。

　　有評論家指出，我在《告解室》的第一版本裡耍弄太多把戲，在觀賞者眼睛上灑太多煙霧，劇情剪裁得錯綜複雜而不夠清晰。英國製作人普特南（David Putnam）這樣告訴我：「沒錯，你必須要懂得欺騙，但最後得要讓觀眾感覺到，你這麼做是為了娛樂大家。」

　　一個導演若是能妥善剪裁情節的話，我們會很高興被牽著鼻子走到最後。欺騙是種高風險的藝術形式，它可能產生令人愉悅的成果，也可能不是那麼使人開心。

入學測驗

羅：大家可能會覺得這是一種表揚，但真的是我妹妹琳達帶領我進入劇場。諷刺的是，在我讓她在《告解室》演出之前，她自己從來沒演過戲。我想這跟我們的成長歷程有關，相較於男孩子，家裡的女孩得遵守更為嚴格的規矩，這促使她們更早尋找離開家裡的方法，以求獲得更大的自由。

　　然而，我的妹妹繼承了我母親的表演天賦，這是我非常想擁有，卻避開我的一種天賦。所以表演之於我，很快成為更大的整體裡的一部分：我想親手嘗試設計佈景、導戲、發明特殊效果；演員在我看來是許多創意工具的其中一種。但表演對琳達來說卻相當自然。許多演員要花上好幾年學的事情，她能夠在幾分鐘之內掌握。在拍片期間，她總是使我們感到驚訝，在我們把影片放映給倫敦的製作人看之後，

其中一位甚至向我要她的經紀人的電話。

是我妹妹琳達介紹我認識劇作家米謝・特罕布拉和導演安德列・巴薩（André Brassard），這兩人有時候會合作，有時則各自活動。起初，她帶我參加業餘製作。1972年安娜—埃貝爾學校（Anne-Hébert School）演出特罕布拉的作品《零配件》（En pièces détachées），這是我的第一齣戲，琳達其中一位好朋友，摔角手拜拉基昂（Tony Baillargeon）的女兒在裡面有演出。因為這個緣故，他們把戲裡提到的那位來自蒙特婁的知名摔角手羅格（Johnny Rougeau），換成了本地英雄拜拉基昂，這手法總是能得到觀眾的喝采。

也是我的妹妹琳達第一次帶我去看職業劇團的演出，時間是1974年，在三叉戟劇院看安德列・巴薩導的戲，不過不是特罕布拉的劇本，而是法文版的莎士比亞劇作《第十二夜》（Twelfth Night）。這場演出讓我非常興奮，因為那深具創意的說故事方法，巴薩不只是把這劇本放上舞台而已，他確實導演了這齣戲，賦予它新的生命，這場演出讓我學到導演藝術能達到怎樣的成就。

巴薩和特罕布拉也在我最初看的電影中扮演重要角色，《從前在東方》（Il etait une fois dans l'est）是由巴薩參考特罕布拉的幾部劇作而改編成的電影。

大多數的人在法國文化伴隨下成長，我卻和他們不同，我不是透過莫里哀接觸劇場，而是莎士比亞、巴薩和特罕布拉。直到藝術學校的訓練快要結束時，我才有機會真正接觸莫里哀，那是榮法德導演的《唐璜》（Dom Juan）。他把劇本裡的同名主角分成兩個角色，在外地旅行的唐璜，和待在家裡的唐璜，後者由我飾演。

事實上，我能在藝術學校念到最後一年，得歸功於入學時曾要了些詭計。在看了前面說的那些戲和體驗第一次演出之後，我認定自己

屬於劇場，所以我愈來愈常翹課去參加演出。我把目光鎖定在藝術學校，但當我看到入學要求時，我發現挑選入學學生的甄選日期，剛好跟學校期末考週是同一星期。既然我早就放棄了學業，我知道就算通過期末考，也不足以讓我有動力去求取高中學位，所以我寧可面對接下來一整年的屈辱，賭上一切。

在那時要進入戲劇藝術學院（Conservatoire d'Art Dramatique）就讀，得要有高中的學歷，而且年紀要在十八歲以上，我兩者都沒有。但我仍舊提出了申請，並在申請書上填了真實年齡（很明顯地他們根本沒注意到），還有我沒有高中畢業證書的事。當評審老師問起我的學歷，我告訴他們參加這個甄選對我來說有多麼重要，所以我之後會再去參加考試並拿到我的畢業證書。儘管我確實是說謊，他們仍舊接受我進入試演階段，我到今天仍然對這件事感到驚訝。

當我發現得面對其他一百五十名甄選者的那一刻，才瞭解到這場賭局的後果有多嚴重。那些參加者之中，有大學畢業的人，也有些人在其他戲劇學校裡學了一、兩年了，每個人都比我大，而且看起來很清楚自己在說些什麼，在那裡我只是一個自以為了不起，只上過一、兩堂高中戲劇課的年輕小夥子。

我很快就說服自己我不可能會被選上，因為非常明顯地，我不符合他們的要求。當他們最後決定接受我入學時，我是最感意外的那個人。或許，他們瞭解到我並不是抱著玩玩的心態參加甄選，而是真心想要投入劇場。總之，此後我再也沒聽到有人提起高中學歷的事。

接下來三年裡，我有一些相當振奮的時刻，也有好幾段時間很長的摸索期，整體而言，這段體驗我對來說相當艱辛，我沒辦法達成一些對我的要求，這很有可能是因為我太年輕了，以至於無法瞭解那些指令，但也由於某些老師真的是江湖術士。

　　舉例來說，安德列亞沒有太多東西可教，卻堅持要維護自己的權威，我若是沒辦法照他的要求來表演，他沒有像一般教師應該展現的寬宏大量，他把我當成其他學生不應效法的負面教材。

　　與前面例子完全相反的是馬克‧多黑，他深切地改變了我，幫助我發現詩意的存在：詩意的身體，詩意的空間、物件和文字，在此之前我對這些事都渾然不覺。他在很多學生的心目中就像位真誠的父親，這些人日後都成為魁北克的一流演員，像是吉納德（Rémy Girard）、胥納（Normand Chouinard）和蒂佛（Marie Tifo），雖然很少人知道這些事，不過多黑對魁北克的劇場和這個城市本身的影響都非常大。

　　除此之外，他長得跟我的父親很像，我感到跟他之間的羈絆非常深厚。只要多黑在某人身上看見些許的詩意或創造力，他就會不吝顯出熱情和慷慨；然而，我在他身上也發現一些痛苦和幻滅。在我看來，在我父親那年紀的許多人身上都看得到這現象。有時候我會覺得我是苦痛世代的孩子，那個屬於我父母和我老師的世代，是感到被時代所背叛的一代。

　　馬克‧多黑是賈克‧樂寇（Jacques Lecoq）的學生，也是長久的摯友。他完成修業後和兩位同期的學生瑪利葉（Yves-Eric Marier）與加策萊（Normand Cazelais）一同投入政治的、馬克斯列寧主義者的、硬邊的劇場。但是當我們還在藝術學校就讀時，共產主義的運動已經崩潰，他們的理想也隨之消亡。與左派的信念完全相反，我們社會正朝向物質主義邁進，這些組織的人，這些激進工作主義者、第一民族主義者、共產主義者，則十分痛苦。

　　最重要的是，多黑繼承了他從樂寇那裡學到的概念：從事物身上發現詩意和找出說故事的技巧，以及如何說話。這些概念也能夠從樂寇其他學生身上看到，像是莫努虛金的陽光劇團（Théâtre du Soleil），

高利耶（Philippe Gaulier）把樂寇的方法帶到英國，並教授給「共謀劇團」[1]的麥伯尼（Simon McBurney）和其他許多人。

　　事實上，正是透過麥伯尼我才遇見樂寇，那時他在倫敦，他們的戲《鱷魚街》（Street of Crocodiles）正要首演。樂寇也來巴黎觀賞《龍之三部曲》的演出，並且非常感動看到他的學生多黑和瑪利葉仍舊在實踐他的方法。

似曾相識的複本

一個人必須站在經典作品面前並模仿它。沒能模仿成功的程度，決定了原創性。

哈狄格（Raymond Radiguet），引用自尚·考克多《尚·考克多對尚·考克多：與威廉·費菲爾德的對話》（*Jean Cocteau par Jean Cocteau: entretiens avec William Fifield*）

羅：當你有欺騙過一次，並得到正面的回應，有很高的機率你會再做一次，最後你一定會被逮個正著。我的騙術於1987年被逮到，我正在蒙特婁排演法國版的《仲夏夜之夢》。那時一切都很匆忙，我得爲節目冊寫一小段文字，於是我就從寇特（Jan Kott）的《莎士比亞，我們的當代人》（*Shakespeare Our Contemporary*）偷了兩行字，把指涉對象從格林兄弟（The Brothers Grimm）換成了華德·迪士尼（Walt Disney）。那是個愚蠢的把戲，就像抄襲學生的作業本一樣。

　　接下來十一月，魁北克的劇場期刊《戲劇》，卡蘿·弗雷謝特（Carole Fréchette）以「似曾相識」（déjà-lu'）的說法，引起了衆人的注意，她之前曾經讀過那兩行文字，因此遣責我的挪用。一月時，羅伯·雷弗斯克在報紙《義務》（*Le Devoir*）中讀到這篇文章，其他評論

1　Théâtre de Complicité，英國的實驗劇團。

家應該也有讀到，只是沒太在意。他寫到，卡蘿·弗雷謝特的文章證實了他那時所產生的「似曾相識」印象。接著這件事變成媒體的焦點，或許比它所應獲得的關注還多。

我並非試圖要合理化或是爲我的行爲脫罪，但這行爲畢竟與我的實際創作關聯性很小，可是我卻被當成在自己的作品中剽竊其他作家的創作者。

說起這件事，爲我作品之外的其他細節受到極不適當的批評，這不是第一次也不是最後一次。1999年，又是羅伯·雷弗斯克在《義務》裡聲稱我將要在法國蒙特婁的新世界劇院導《李爾王》。他用文章裡的一整節來質疑像我這種缺乏經驗的年輕人，怎麼膽敢導演如此重要的劇作。

雷弗斯克表示，沒有理由給我這個工作，因爲我幾乎沒碰過莎士比亞。他的文章的確寫對一件事：新世界劇院的藝術導演萊亨巴哈（Olivier Reichenbach）事實上的確打過電話給我，要提供我導演李爾王的機會，但是我們的討論就僅止於那一通電話。我拒絕了他，因爲很明確地，在我沒導過更多莎士比亞其他的作品之前，我根本不相信我有能力處理《李爾王》。所以實際上，我因爲一件沒做過的事情而遭致批評。

回到剽竊這個問題，我想更嚴重的情況是，當我在對偉大創作者致敬的時候，卻被指責爲剽竊。我們開始剪輯《告解室》之前，它的命運甚至已被《觀看》（Voir）雜誌所決定。這部電影的部分故事場景是在1952年，正逢希區考克拍攝《懺情記》的時期。因此專欄作家布萊比（Georges Privet）便寫了一長篇的文章說，模仿天才的創作是種寄生蟲式的實踐，他指出如同我以類似手法處理考克多和達文西，觀眾現在已經習慣了[2]。

2　原註：1994年7月30日的《觀看》雜誌，布萊比在他的專欄「瞥見」（Prise de Vue）寫道：「《告解室》被大量討論的原由是因爲它繞著《懺情記》在轉——希區考克於1953年在魁北克市拍攝的電影，而這就是讓人刺眼的地方……勒帕吉的電影讓我產生疑問，我們是否能稱之爲『文化的不在場證明』（cutural alibi）：藉由仿冒現在創作來製造事件已經成爲一種愈來愈風行的實踐。」

　　布萊比的文章刊登出來的時候，我仍然在拍攝《告解室》，這部電影根本就還沒有完成，我們仍處於創作過程之中。而且，縱使這部電影確實參考了許多其他的事物，即使對希區考克的暗喻極爲微小，這部片如何能在未上映之前就被評估和審判？

　　我想大眾對於辨別借用、致敬和剽竊有相當程度的困難，儘管這三者之間有許多的灰色地帶。我承認我的方法有很多是承襲自其他的藝術家，不管是在魁北克或世界其他地方。通常，我對此感到驕傲，只要這些手法能夠活出自己的生命。我從沒隱瞞我早期作品強烈地被蒙特婁的導演吉爾・馬赫和他的劇團碳十四（Carbone 14）所影響，馬赫也不認爲我借用了他的構想有什麼可羞。這種情況，我們談的是致敬，出於感恩的借用與實際的竊取創意之間，的確有著一條明確的界線。

　　仰慕他人現在變得不太適宜。你再也不能說：「我欽佩希區考克，所以我要盡我所能讓你們跟我一樣愛他。」你不能這麼做，若你這樣做，你就不是一位藝術家。讓人感到訝異的是，魁北克的電視節目主要抄襲自美國和法國，《觀看》雜誌的部分排版是盜用自法國的《解放報》（Libération），竟然有些評論者無視於此，反認爲並指責我的方法就是剽竊。

　　我們需要發展一種驚奇、仰慕的品味，不是聚焦在自己，而是在其他人，以及我們週遭的事情上。馬爾羅[3]去世之前，要求把他的想法錄音起來，因爲他覺得沒把所有想說的事情都說出來，所以他錄了八或九段廣播演說，表達自己還想說的東西。

　　馬爾羅患有喉癌，一直不停地咳嗽，但整個系列極爲出色，最後當他被問到他生命中最愛什麼，他提到的最後一件東西是：他能夠欣賞他人，能夠被藝術所震懾。從他的角度看來，我們生活在一個人人

3　André Malraux，1901-1976，法國小說家、評論家，代表作《人類的命運》。

忙著渴求仰慕的世界，眾人寧可等待著被告知自己極為卓越，也不願去讚歎他們周圍的事物。

準備餐點，如製造某些能取悅感官的事情，本身就令人愉悅，但是進食，尤其是感官確實享受到食物，卻是真正的喜悅。我們居住在一個不再花時間在進食的社會，僅是不斷地在烹煮新的菜餚。在赫佩發生的衝突，變成劇團腳上的一根真正的尖刺，阻礙它變成應有的樣子。因為這樣，我們對「機器神」的夢想是，成為赫佩無法達成的多領域和實驗性的劇團。

能量與情緒

羅：待在藝術學校的時期，我雖然曾經學過情緒的定義，卻從沒辦法在舞台上製造情緒，有整整三年，我的表演被認為是不帶情緒的演出。但是，就在我第一次的職業劇場演出，我感動了觀眾。我並沒有真正地瞭解到這件事情如何達成，直到我花很長的時間才弄清楚，演員在舞台上感覺到的情緒和他需要產生的、能引發觀眾情緒的能量，其實相當不同。

　　關於情緒的問題，瑪莉·姬格娜有一天這樣跟我解釋，她跟雷薩一起工作，製作維加（Lope de Vega）的《羊泉》（Fuente Ovejuna）之時，她在一場角色剛被強暴的戲裡遇到了極大的困難。起初，她試著要表演那個情緒，呈現角色的痛苦，但是完全無效；最後，當她真的嘗試著要去製造那種剛剛遭遇過強暴的猛烈能量時，一切突然都對了。

　　你得要很清楚如何控制和疏導能量，幫它製造宣洩的出口，幫它清除障礙，讓能量可以自由流動甚至滿溢而出，不過大部分的情況仍要在自己的控制之內，這是我在柯奈普的工作坊那三星期裡所開始學習的事情。

　　柯奈普是瑞士人，他跟一些布萊希特同時代的人有不少的合作，當過巴黎蒙帕那斯區（Montparnasse）的創意人格學院（Institut de la Personnalité Créatrice）的校長。我從蒙特婁國際戲劇學校的人那裡聽到他的名字，他在那間學校做過短暫訪問，我便和弗雷謝特一同前去巴黎，還安慰自己，我們至少可以在那邊看個幾場戲。

　　柯奈普的作品非常的精確，很難以掌握，並且需要大量的詩意流動，極少人能辦到這點。他的構想中，演員─創造者（actor-creator）的工作有點像是擠壓檸檬榨取果汁的感覺。他的方法是我和弗雷謝特夢寐以求的、是我們想要做的事情。

以前別人總是說我不夠投入，我不知道應該怎麼說自己的故事，但在柯奈普那邊，我意外地被告知完全相反的事情。在柯奈普看來，我的含蓄與節制讓我能有更好表演，把自己的故事說得更精采。

柯奈普的工作坊對我展現了我處於正確的軌道，即使我還不知道那條軌道長什麼樣子。在藝術學校裡，我的節制被指責，可是柯奈普看到這點的價值，所以他出乎意料地允許我使用它。

兩個版本的《阿瑪迪斯》[1]讓我釐清了能量和情緒之間的差異。一個版本是在紐約看到的製作，另一個版本則是萊亨巴哈在蒙特婁新世界劇院的製作，後來在魁北克市的三叉戟劇院上演時有換過幾個演員。這兩個製作都有一些很出色的元素。

謝弗寫了一齣精采的劇本，能夠從各個角度加以改編。在紐約，飾演莫札特和薩利耶里（Salieri）的演員，與其他較小的角色之間有極為強烈的對比。因為角色份量的不同，所以後者在舞台上其實只有短暫的露面。

到了演出的尾聲，這些人培養出一種節制，對於他們表演抱持冷漠，沒有熱情、沒有溫暖，這些演員沒有照一般的期望，把自己投入到角色內。然而，扮演莫札特的演員卻出眾非凡，與週遭旁人的冷淡相比，他看起來好像全身著火。突然間我體會到在這個維也納的世界，所有的事物都像是用大理石製成的，人們不帶感情地聆聽音樂，但在那裡仍然存在著兩具燃燒的靈魂：莫札特和薩利耶里。

與此相反，萊亨巴哈的演出中，所有的演員都很認真，對自己的角色注入了很大的心思和熱情，但是這齣戲卻極為糟糕，因為我們沒辦法明確看見兩個主要角色所擁有的激情和熱誠。

《針頭與鴉片》的戲中，我確實地瞭解到這種對比的意義。在某些特定的時刻，我的表演極為冷漠和節制，但卻感動了觀眾，給他們極

1　Amadues，英國劇作家彼得·謝弗（Peter Shaffer，1926-）的作品，亦有人翻譯為《莫札特傳》。

良好的印象。瑞士最偉大的演員之一約瑟夫森（Erland Josephson），在斯德哥爾摩觀看《針頭與鴉片》時甚至還哭了，我其實什麼事情都沒做。我沒哭泣，我在想的是電話線的位置怎麼會放錯，還有麥克風的音量太低之類的事情，我們在藝術學校被教導的是不能在舞台上做這些事。這對我來說不是情緒的問題，情緒只是演員準備好眼淚而已，卻不包含理解，也不構成感動觀眾如謎團一般的複雜藝術。

　　演員必須找到能在觀眾身上產生情緒的能量，而不是自己去感覺情緒，這就是布萊希特的疏離方法中極少被理解的部分，你得去感覺演員而不是角色。布萊希特式的表演是一種很獨特的風格，在魁北克卻很少有人真正對此熟悉。

　　在某些國家，劇場奠基於節制，像日本，日本劇場不藉角色的情緒投入和表明自己所處的狀態，來傳達強烈的戲劇情感。其概念是做的愈少，反而可能說的愈多。劇場就像是內容物已經煮滾的大鍋子，比起實際打開來看裡面是什麼樣子，單單看因蒸氣而上下跳動的蓋子，就已有趣的多了。

　　情緒的保留並不僅是一種道德議題，也包含對於理解的信仰。我經常看到在學生演出裡，如果演員在舞台上啜泣，師生都對此感到高興，但對於身為一名觀眾的我來說，那跟我一點關係都沒有，感覺上那件事情只發生在舞台上。這是崇拜情緒那一幫人所用的方法，可是在舞台上就是不管用。

　　要創造一個動人的場景，我們需要的，不是盡可能表達大量的情緒，而是把情緒風格化，加以再現或是象徵化情緒，這樣得到的結果會更為持久也更具說服力。

金字塔與漏斗

〔觀眾〕閱讀作品的方式超過我們的掌握，但這有時候會深切地刺激我：作品不再屬於我，其他的解讀面向指出作品可以有怎樣的轉變。

勒帕吉和索勒德維拉的對話，〈印象照相的印象〉（*Impressions sur Impressions photographiques*, Proteé, vol. XVII, no. I.）

羅：當它的意涵與指示逃離我們之時，當它變成一頭反叛而無法監禁的野獸之時，劇場在飛行中具現。表演超越其創作者的那一刻，我們就擁有劇場，《龍之三部曲》的情況正是如此，我們只負責這齣戲的首演版本，在這之後，它會述說自己的故事，自我揭露。

劇場最吸引我的時刻，在於作品背後隱藏的生命力得以展現，並且讓我們看見它擁有超越創作者的獨立生命。遺憾的是，我不是每次都能讓這樣的事情發生，有時候我會陷入駕馭、控制劇本的遊戲之中。

製作人會在製作期開始沒多久，就詢問我們想要怎麼做一齣戲，要用怎樣的概念做基礎來導戲，所以我們得開始丟出一些可能很有趣的想法，然而這並不是給予這戲自由，而是囚禁它。這樣說來，一場演出背後的創意，可能比表演本身要來得更加值得玩味。

有一個很好的例子，是我們於1982年在魁北克國際度假中心演出安德烈·尚的《哭泣的年輕女子》（À propos de la demoiselle qui pleurait）。這齣首次製作的戲，架構十分特殊，我們只能選擇把焦點放在演員表演的熟悉度上面。導這齣戲時，我嘗試傳遞故事的情感而非意義或解答。

第一個演出版本，這齣戲還是一面白板，換言之，這是一個可以從各個方向加以解讀的作品，我的第一個挑戰，便是要在搞不清楚誰

是主要角色的情況下，圍繞這角色構築出一切事物。雖然敘事維持粗率和複雜，卻觸動人心，觀眾極為感動。安德烈對於書寫中性作品，有著特別的天賦，他的創作幾乎不指示要如何演出及思考作品本身，取而代之的是這些創作如何被塑造。

但當我們被要求在三叉戟劇院重新製作這齣戲時，我們卻讓自己失控。我們把戲放在一個為了更多觀眾而設、更加受到肯定的劇院，然後試著要從原本的脈絡當中重新製造之前的情況。

對於眼前的東西，我們有太多先入為主的想法，我們不再是從一面白板開始工作，而是從第一次我們寫在這塊板子上的概念開始。很不幸地，結果不太理想，因為這戲變得太有條有理，也解釋得太多。因此，若你太過度試著要建構一場演出，過程可能會讓你輸掉一切。

我記得佛雪（Françoise Faucher）曾經訪問過女作家莒哈絲（Marguerite Duras），問這位作者寫作的要訣是什麼，當這個世界的形象如此繁多，每種形象又都值得寫個上千字，應該怎麼做？莒哈絲回答說，事實上還有其他的方法：從一個字表現上千種意象。一個會意字、一首詩、一本小說裡的幾個字，或一個標題，都足以啟發一齣戲，只要這些東西能夠通往更寬廣的世界，而不是把道路愈縮愈小。

我相信那種從一個詞開始，朝向更巨大事物發展的戲劇。莎士比亞創作《暴風雨》時就是採用這種方式，他從「自由」這個詞開始，接著盡他所能地把焦點擴散至最遠。莎士比亞走到了我們這個時代，他的劇本就像是金字塔一樣的正三角形，由頂點出發，一層一層地往下加寬，我們當代人的任務，就是要使這個金字塔的規模更加雄偉。

但在另外一面，我們還有一種以漏斗形來切入劇場的方式。我們把文本帶回原點，讓觀眾瞭解它從何而來。我們將劇本視為一種知識上有待解決的問題，而且應當專注在社會、政治或是知識上的價值。

《哭泣的年輕女子》當年在地方造成不小轟動，裡面有勒帕吉著名的招牌手法，即成功運用燈光來定義複雜氣氛。（下圖：François Lachapelle 攝）

我們會慶賀自己找到答案，因為我們創造出了一個能夠詮譯作品的方程式，甚至有時候會損害到部分不合理念的文本，使我們不得不把這些部分從製作中刪去。但我個人非常不喜歡這種方式。

繼續回到《暴風雨》。為了能繼續拓展其廣度，我們的焦點不能只限於「自由」一詞，不能只是很簡單地對觀眾展示本劇的中心主旨，必須要仔細考慮每一景，每一個角色，每一個字與自由的關係，如此一來，從頭到尾在不同的層面我們都能體驗到自由的感覺。觀眾必須在表現和形式上都看到自由：形式即內容，內容即形式。

我有朋友在斯德哥爾摩看過一場由一群聾啞人士演出的《暴風雨》，一名學過手語的職業女演員和他們一起工作。我的朋友告訴我，這些人的表演有著極為出眾的自由度。要試著用手語，來跟莎士比亞的五音步詩行和十七世紀的詞彙做溝通，自由，幾乎是不可避免的情勢。這些人的作品非常無拘無束，他們發明新的表達方式，以新的方法來訴說事物，因而達到了形式的自由，並與劇本內容要說的自由互相呼應。這種形式就是精華。

1994年10月，我們在倫敦製作《太田川的七條支流》，我們找到一種形式幫助我們發展這齣戲。演員必須自己問自己：如何表演某特定的事物，並對這些事物搬上舞台需要什麼樣的形式，有所自覺。

縱使很少人願意承認，《龍之三部曲》實際上不只是一個文本，也是一種形式。指令、走位和場面調度，與文本一樣富有表現力，有時候甚至更勝文本。演員的表演，有時無寧是透過場面調度，而非文本來傳達。某些作品比其他作品老邁，譬如說，阿努義[1]就比伊歐涅斯柯[2]要來得老邁。在實際的製作中也是如此。《龍之三部曲》的場面調度若是無法發生作用，因為那是這齣戲主要定義元素，我們就沒有理由再做第二次。假使我們要重新製作《龍之三部曲》的話，我會

1　Jean Anouilh，1910-1987，法國劇作家，劇本傾向以寫實主義手法描繪社會的衝突和矛盾。他非常多產，作品包括正劇、喜劇、芭蕾舞劇、改編作品，如《小偷嘉年華會》（四幕喜劇）、《安蒂岡妮》（改編自同名希臘悲劇）等。

2　Eugene Ionesco，1909-1994，出生於羅馬尼亞，成名於法國的荒謬戲劇家，擅長以惡夢般的荒謬情節、木偶般的人物、不連貫的言語邏輯，表達現代人的疏離和渺小，代表作有《禿頭女高音》、《犀牛》等。

重組一些成分，然後以完全不同的方式將其放到舞台上，而不是很省事地復原之前的面貌。

另一個例子是《地殼板塊》，這是一個相當困難的企畫，整合創作過程當中發生很多爭執和衝突，我們通常允許成員離開或是自由組成新的團隊。瑪莉・姬格娜向我指出：我們所選擇的這個劇本天性就是如此，我們在談的是漂流以及大陸板塊移動所造成的衝擊，所以創作的過程會很自然地反映這些事情。因此，雖然這種情況很辛苦，但在最終統合完成之時，報酬和遭遇到的困難同樣豐厚。

剛開始創作《地殼板塊》的時候，我們以為我們擁有很大的自由，不管是在形式或是在內容上。大部分的原因來自於之前《龍之三部曲》的經驗，我們已經實驗過混合極為不同的形式和風格，這齣戲的中間放了懷爾（Kurt Weill）描寫中國的音樂，我們還用太極拳搭配彼得・蓋布瑞爾和菲利浦・格拉斯（Philip Glass）的音樂。這些創作看起來有著無限的可能性，而且全都能派上用場。所有可能性都彙聚到同一點上將概念化為一個完整的個體，就像陰與陽相互結合。

然而在《地殼板塊》中，所有事情都圍繞著破壞、衝擊和分割打轉，我們無法再談論匯聚，所以情況變得極為複雜。概念本身會相抵觸、整合、然後再度分裂，創出一個獨特的整體；然後再度飄盪、分離。四年間都是如此，我們有非常非常大量的會議和數不清的爭論，這齣戲可以說是我們最有創造力的企畫之一。

我們慘敗的次數（在蒙特婁，那次我們甚至無法把戲搬上美國劇場節演出）就跟我們成功的次數（例如在倫敦）差不多。但成功與失敗事實上和觀眾、技術方面的複雜度以及表演本身如何發展都沒有關係，而是與作品本身相關。有時候，所有的東西都到位了，我們感覺一切都在掌握之中；但下一分鐘，全部都散掉了，再次從我們手中逃

離，奔向上千個不同的方向。

演出的樣貌取決於它的主題，《針頭與鴉片》從形象到詞彙，都在尚・考克多的文本的控制之下。如果我要發展一個關於詩人，或是寫歌者的劇場，我的首要考量會是去研究聲音。

《文西》是個很好的例子。我去了義大利，完成我對這齣戲的研究，我下的結論是：不管有沒有錢，不管技術能不能克服，這場表演一定要能給人技術精巧的印象。我對視覺上到底該怎麼處理還沒有明確的概念，只是覺得若要展現達文西在藝術的天賦和在工程學上的才華，我們也得發展相等豐富的演出才行；這就決定了一開始說故事的方式。即使在達文西數不清的作品和文字之中，我們只能刻畫到一點表面，演出仍會透過形式表達自己的豐富性。

藉由在水中即將起飛的飛行機器，藉由明暗對比繪法呈現陽光和陰影的戲劇性，我們毋需緊抓著達文西的名字不放，仍可使他栩栩如生。我認為這是說故事最好的方法，讓達文西變得可以讓觀眾理解。在劇場裡，必須讓觀眾能沉浸在劇場的議題之中，為了讓他們浸淫在議題之中，每個感覺都能抓得住，形式就會變成主題和主旨的化身。

若我們無話可說，形式就只會是形式，方法只會是方法。但若我們有東西可說，方法就變成了訊息。我遇過很多人瞭解這點，也主張這點。考克多知道這點，如同我注意到排演過程中，他就像我一樣，從生命經驗來批評相同的事物。他被看成是特技演員、不顧內涵的唯美主義者，以及形式主義者，但是在這些雜音平息之後，你會發現有些東西的確禁得起考驗。

考克多寫到鴉片的時候，你可以從他的詩作中，發現關於鴉片的韻律和移動。大聲讀出他的作品時，就會瞭解到這點。當我從《針頭與鴉片》選出這首詩的時候，並不是我在駕馭這個劇，而是考克多的

性格在飛馳。這也是最容易用文字對觀眾點上魔法的時刻。

考克多的天才，就在於他的寫作反映了主題的狀態：速度、半透明性、童年。穿透生命的面紗，考克多看見（或者希望看見）死亡。他的詩意理論和一些當代的科學理論相互重疊。

舉例來說，根據考克多，我們沒看見其他面向（如精神世界）的原因在於，它們移動的速度遠大於我們，這就是《針》劇裡面螺旋槳的意象來源。還有東西比螺旋槳更加堅實、更加銳利、不透光嗎？但是，當螺旋槳轉動的時候，它卻變得透明，看起來變成不是實質的存在，不再妨礙我們看穿它身後隱藏著什麼。不過，一旦你把手伸進去，它會立刻切斷你的手。死亡就像這樣，考克多觸碰到了在今日許多科學家所關注的議題。

觀賞演出

如果開放讓「劇場在飛行中具現」的概念，能使劇場更有活力，能引發比答案更多的問題，那麼羅伯‧勒帕吉也非常關心主題的變奏，因爲它攸關觀眾如何理解一場表演。對他來說，戲劇之所以是一種開放的創作，大部分原因在於有多元的觀賞者。

羅：這些日子以來，我一直感到非常驚訝，我和演員及技術人員之間，對於一件作品的觀感竟然差距如此巨大，不管是《夢幻劇》或是完全不一樣的東西，明明我們觀賞的是同一場表演，卻好像在看不同的演出，我們凝視的東西各自有別，也沒有相互重疊的想法。我們必須接受這個事實，然後才能一起工作。

演出並不是單靠表演，也不是依賴導演或是文本，而是和如同星

雲一般非常混亂的東西有關。它們使得整體大於個別部分的總合，結果為我們在舞台上創造的事件。差異性來自於作品、來自於我們表演的文本內容，或者我們演出的這個城市，因為每個地方，甚至於每個人對於劇場的理解都有所不同。

任何一名觀眾看到的舞台光景和坐在旁邊的人看到的不同。劇場和電影以及其他事物最大的分別，就在於選擇的概念。任何人都可以自由地坐在劇場中，自由選擇他要看到什麼。劇場導演不像電影導演一樣擁有那麼多的選擇權。

在電影中，我們看到的是導演希望觀眾看見的事物，他打散、剪接影片，保證觀眾接收到他想要觀眾看的東西。但在劇場裡，每一個觀眾都能自由選擇他想看的演員，觀賞他想看的部分，聆聽想他注意到的聲響，選擇專注在其中一位演員而非另一位，或者把注意力放在燈光和道具上。所以場景變換，在電影剪接時對整體來說能製造較為深刻的印象，但在戲劇中的效果就比較有限。

劇場演出必須要能從多方面加以解讀，不管是誰，若只想依據演員的表演來解讀我的戲，就得承擔失望的風險。然而，要創作一齣提供多面向解讀的戲劇卻非常艱難。

排演的時候，我經常注意到有些演員坐在台下，卻沒看演出。他們只觀賞某位特定演員的表演，然後跟我說那演員很棒。可是我發現這名演員的表演沒有價值，因為根本就不符合這齣戲的內容，不然就是走位很笨拙、節奏不準確。

劇場就像是擺滿開胃菜的托盤，我們可從中任意選擇自己想吃的菜餚。我們試著把意義帶得越遠越好，但是《龍之三部曲》、布魯克的《摩訶婆羅達》（Mahabharata），或是莫努盧金的一些作品，成功的原因在於提供選擇，其中一項是具有連貫性，但這也是選項之一。

　　我們不需要把時間花在確定觀眾在特定時刻、以特定的方式思考或感受什麼；我們得要創作一個具有內在邏輯的世界與環境，使觀眾能從中選取自己感興趣的那部分。有些人覺得我的戲很糟，對此我沒什麼好評論，的確有些戲是很糟。但回顧過去，最讓我失望的事情可能是，評論家只會寫演員不夠好，或者是我像一個任性的小孩在玩玩具。但他們卻沒發現到，戲會難看，其實是因為它缺乏內在邏輯，這件事基本上跟演員的選擇，或者技術的使用一點關係也沒有。

　　我的目標是創造一個有涵蓋性，而且有連貫性的環境。因此在一齣戲開排之前，我會花很多時間在佈景、道具和服裝上面。很多導演在文本上花了很長的時間，在這之後，舉例來說，他們會邀請舞台設計、服裝設計等描繪出導演發展的概念。但我嘗試不要把我的想法推到那麼遠，這樣才不會癱瘓設計群，他們可以帶著自己的見解前來開會。例如燈光設計可以想好要怎麼幫這戲打燈，如此一來，我們可以交換彼此的意見，讓我能提出一些建議，再把一些概念發展更完整。

　　雖然這樣做有一點本末倒置，但是我想，如此一來，戲可以有話可說，但是又不會太著重在某一特定方向。第一次排戲讀劇時，我不會下任何決定，我會寫筆記、會感受環境，大多數時候，我汲取排演時發生的事來創作。

　　指令並非導演唯一的私有財。我們的工作方式，是集體創作。當我們和演員排戲時，我們發現、剖析、揭露劇本。我在導戲時用的方法，比較像是學生，而不是老師。我們請求文本教導我們，向我們展示它擁有什麼資產，我想這樣做使得戲在首演，甚至在這之後都能繼續發展。

　　對大多數的導演來說，創作像是經由漏斗完成，呈現倒三角形。他們從成堆的想法開始，然後縮小到普遍的主題，朝向一個預期的終

點以幫助這個戲建立起秩序。這種方法對演員較有安全感，因為他們
只需要執行導演的命令。我想這一方面歐洲和北美相當不同。歐洲是
師徒文化，特別是在德國或俄國，人們被告知應該怎麼思考，演員因
為導演的身分或名聲而認同導演。

在慕尼黑，演員花很多時間才有辦法接受我們的方法，但經過沒
多久，他們就開始享受這樣的工作方式。等到他們樂在其中了，索德
維拉和我便想：「非常好，但現在我們得離開了。」有時候，不同方
法之間的文化衝擊極為強烈。

就我個人，我偏好從一個單一概念開始，例如說《夢幻劇》裡的
時間流逝，再從這地方擴大我的焦點。我們工作得愈久，這劇本就變
得更開放。與其挖遍每一個角落要從裡面去尋找給演員的明確概念，
我試著從一開始就埋下正確的種子。

End

尾聲

愛爾西諾的回音

就像這本書的前言是最後一篇寫完的部分，我們的對話結束在討論一齣表演的誕生，看起來也滿符合邏輯的。

1995年6月9日，勒帕吉跟我開始討論一個新題目，關於九個月來定時出現在我們對話裡的一個東西：一齣新的獨角戲，計畫在1995年9月演出，名字叫《愛爾西諾》，來自於《哈姆雷特》裡，哈姆雷特在這城堡裡面發表他最著名的獨白。

我並沒有企圖要記錄這場演出（出書時已經上演，並且從1996年開始在世界巡迴演出），勒帕吉對演出傾向於，無論如何要能持續地進化，這個企圖使記錄成為不可能的任務。但是，旅行日記的構想仍是這本書的主要書寫方式，我們想要追蹤他的創作軌跡，並記錄下他如何在這尚未終點的旅程踏出第一步。

剛剛說的這些仍然適合於《愛爾西諾》嗎？這些主張是否有實現？原始設定的主題在戲劇發展的過程中是否流失？勒帕吉的演出隨時都會發生改變，因此以上這些問題會一直是開放性問題。

羅：我總是夢想要製作一齣聽覺重於視覺的作品，而且這作品要完全從文本出發。我在《針頭與鴉片》經驗過一些挫敗，我想要把考克多的《給美國人的信》放到戲裡，但他這個作品的戲劇性不強。在《針》劇裡有很多文本作業，我很喜歡做這種工作。新的企畫讓我能做的更多，因為這次是根據《哈姆雷特》改編。

有太多再明顯不過的理由，讓人對《哈姆雷特》感興趣，這部世界劇場中的經典作品，有一千零一個主題在其中跳動。哈姆雷特在第三幕給演員的指示，就好像是特別針對我而發言，在他的語詞中，我發現很多我對於劇場的想法：「不要老是把你的手在空中這麼搖揮；

一切動作都要溫文，因爲就算是在洪水暴風一樣的感情激發之中，你也必須取得一種節制，免得流於過火。」或者是：「因爲不近情理的過分描寫，是和演劇的原意相反的[1]。」

同樣地，對我來說，這劇本最爲強烈的主題（特別是在獨角戲部分）是角色關係之中的亂倫性格。這劇本的主要推動力，來自於哈姆雷特的母親和他父親的弟弟再婚，被認爲是一種亂倫的行爲。

亂倫這詞不只是做狹義解釋，它也指涉角色之間極度親密的關係，他們被和其他人的關係所定義。對我來說，這個在《告解室》扮演著很重要的角色的主題，讓我們質疑這整個社會、或特定文化中的亂倫人性。

在我心中，哈姆雷特、哈姆雷特的母親葛特露（Gertrude）、哈姆雷特的父親和王叔之間，彼此連結著血緣關係，讓我們可以想像：由一位演員來扮演這個家庭的所有成員；另外一位演員也同樣地能夠扮演由普隆涅斯（Polonius）、勒替斯（Laertes）和奧菲莉霞（Ophelia）組成的另一個家庭。

當哈姆雷特聲稱勒替斯是他的鏡子——勒替斯如同他的反面，以極爲誇張外顯的行動風格，反襯哈姆雷特的持續癱瘓——所以沒有什麼比把兩個家庭結合在一起，交由一個演員演出，表現得更露骨了。這就是爲什麼戲名叫做《愛爾西諾》，它不只和哈姆雷特有關，而是把愛爾西諾城堡這個世界的所有面向，都集中到同一個人身上。

除了這個集中的概念，以及我對這文本的興趣；1992年我父親的去世，又再度更新了長期以來我對《哈姆雷特》的興趣。我發現自己在某個方面，被父親的鬼魂追逐著。我被召喚起來質疑，質疑我和母親、兄弟、遺傳方面的關係。我的獨角戲經常與痛失所愛的人有關，《文西》裡有朋友自殺、《針頭與鴉片》裡是失去愛人。所以，父親的

1　以上兩段臺詞翻譯取自朱生豪《哈姆雷特》譯本，世界書局出版，頁132-134。

死亡，看起來似乎頗符合我一再重現的型態，莎士比亞這劇本內容，自然就讓我投入其中。

1993年初，這個計畫開始的幾個星期前，我在多倫多碰巧有機會和羅伯・威爾森吃早餐，他告訴我他計畫要以獨角戲的方式來導《哈姆雷特》。跟我一樣，他企圖要演出所有角色，而且他的戲將只比我的早幾個月上演。接著，在幕尼黑的聚會裡我遇到了彼得・布魯克，他也跟我說他對《哈姆雷特》感興趣，特別是關於翻譯的問題。考慮到他們的計畫，我忽然發現自己處在一個很尷尬的狀況，所以我就先把《哈姆雷特》放在一邊，先進行另一個和語言及其音樂性有關的製作，那是一齣以法國作家兼作曲家坎斯伯[2]的作品《甘藍菜頭的男人》（L'homme à la tête de chou）為中心的獨角戲。

我和羅伯・科一起工作，我們發展了整個文本的工作方法，持續進行了好幾個月，但是，最終我們得承認我們失敗了[3]。但是，儘管我們在做的是這場戲，但總是看起來好像回到了《哈姆雷特》。在和一些好朋友討論過後，我決定重新開始《哈姆雷特》，然而我並沒有放棄坎斯伯的計畫，我仍非常希望在有限的環境下回來做這部戲。

繞遠路的結果充實了《哈姆雷特》的準備工作：第一，因為坎斯伯總是把他既冰冷又充滿智慧的熱情，注入他歌曲情境中，就像哈姆電特在跟演員說話時隱藏的熱情一樣；第二，莎士比亞的語言和文字一向有很強的聲音實驗性，我們試著把這點放在心裡，運用在雨果（François Victor Hugo）翻譯的法文版劇本上。

文字的音樂性是莎士比亞作品裡很重要的元素。第一對開本的《哈姆雷特》裡標記了許多聲音的提示，告訴我們哪個音節應該發重音、還有要如何平衡抑揚格五音步。歌劇對我的啓示——在音樂中可以找到潛臺詞——同樣也存在於莎士比亞寫作的韻律和歌唱性中。

2　Serge Gainsbourg，1928-1991，出生巴黎，父母爲俄羅斯猶太人，參與1917布爾什克起義失敗逃往法國的革命分子。他的歌曲往往充滿社會爭議，卻又大受歡迎。除作曲、作詞、發表個人專輯，也導過四部電影。

3　原註：羅伯・威爾森的《哈姆雷特獨白》（Hamlet, a Monologue）在1995年7月於紐約的「認眞玩樂藝術節」（Serious Fun Festival）首演。看到這個作品後，勒帕吉得以觀察到他和威爾森的方法之間的差異，將他的作品和威爾森的作品放在一起比較的擔憂也有所減輕。因爲1995年秋

在和羅伯‧科工作的過程裡，我們試著把文本「X光」化，好去捕捉其內在的音樂性。我們用一種機器，它可以認得不同樣式的音節聲音，然後把每個音節和特定的音樂聲連結在一起。我們把《哈姆雷特》放在這個濾器裡面，它的意義就以全新的方式浮現。

舉例來說，當哈姆雷特遇見他父親的鬼魂時，後者說：「我是你父親的靈魂，因為生前孽障未盡，被判在晚間遊行地上，白晝忍受火焰的燒灼。」（原文如下：I am thy father's spirit, Doom'd for a certain term to walk the night, And for the day confn'd for a certain term to walk the night, And for the day confin'd to fast in fires.）重音在f和s的音節，產生一種特定的音樂而和文本其他段落（以p和r為主要重音的句子）有所不同。若用這方法來過濾鬼魂的臺詞：「一條蛇來把我螫死」（a serpent stung me），你可以真的在言語中聽見蛇的嘶嘶聲。

考慮到我們這齣戲同時以英文版和法文版工作，我們全部方法很明顯地會把翻譯問題抬到首要位置。倘若每種語言的音樂性不同的話，文本的音樂性就必須在翻譯時也一起轉換。因此保存劇本的意義就變成過程中很重要的部分。

聽覺的工作並不會排除對視覺裝置的同等重視。羅森克蘭茲（Rosencrantz）和基騰史登（Guildenstern）就是一例（此為《哈姆雷特》中的兩個小角色），他們並不在由單人演員扮演的角色內，所以我們在舞台上用兩台監視攝影機代替他們。機器被放在舞台的左右兩端並對準演員。攝影機用來輔助強調角色的間諜身分，以及劇中重複出現的監視、刺探等主題，所以觀眾不只看到演員在活動，更可以從另外兩個視角來觀看，而且隨著演員靠近或是遠離羅森克蘭茲、基騰史登兩台攝影機，所看到的景象也有所改變。

聲音的作業，使音樂和文本成為這場表演的中心焦點，也是我們

天，威爾森被邀請至德國歌劇院執導《等待》、《藍鬍子的城堡》兩齣歌劇，這兩部作品是勒帕吉自己在1992年為加拿大歌劇團（Canadian Opera Company）導演的，1993年在愛丁堡藝術節還兩度獲獎。布魯克對於《哈姆雷特》採用的方法引領他創作出《誰在哪裡》（Qui est là），摘錄莎士比亞的文本、到布萊希特、梅耶荷德（Meyerhold）、克雷格（Gordon Craig）、世阿彌（Zeami）的作品；這種方法跟勒帕吉構想中，高度技術化的獨白表演差距很大。

《愛爾西諾》裡，勒帕吉演出《哈姆雷特》中所有角色，幸虧有大量科技和高度彈性才能立即演出相異的角色。舉例來說，勒帕吉在開場連續扮演克勞迪斯（繼父國王）、葛特露（皇后）和哈姆雷特（王子），轉換角色僅藉助改變位置和椅子的高度，象徵坐在椅子上的皇家成員都身處皇冠的重量之下。（Claudel Huot 攝）

透過科技過濾《哈姆雷特》的主要方法。同時，賦予這場戲流動性和變化性。直接回應文本而從機器發出的音樂，會依據每天晚上的表演加以修改，這樣一來，每天晚上的演出都會歷經小型的轉變，不會完全一致。

終結的開始

羅：大部分的時候，劇場作品是依據以下順序建構：寫作、排演、表演，
有些時候加上翻譯。但在過去時間裡，我注意到我們的創作過程在某
方面來說卻剛好相反：實際寫作發生在結束之後。

　　我們的創意工作開始於繁複的腦力激盪，共同篩選概念放在一
起，然後我們討論要挑選出哪個想法，讓它引導我們展開即興創作。
接著，會有一個組織即興創作的階段；最後，我們排演、正式演出。
對我們而言，演出並不是整個過程的高潮，而是更進步的排演，因為
這些表演並沒有寫成定本或是固定下來。

　　由於我們在很多國家上演我們的戲，翻譯工作實際上要等到這時
期才開始做。例如《太田川的七條支流》以法文和英文排演，但1995
年夏天，準備於維也納和布朗斯威克（Braunschweig）上演時，部分
文本為順應德語觀眾而修改。在我看來，表演文本在舞台搭建、所有
表演結束以前不能寫下來；只有到這個時刻，戲的外形和主題才會停
止進化。

　　若以挖苦的心態來看這程序的話，表示我工作的過程和傳統次序
的步調不同，很單純地把寫作—排演—表演—翻譯，改成排演—表演
—翻譯—寫作。從線性角度來看，大多數創作的起始點，對我而言，
卻變成是最後終點。

Appendix

附錄

專訪影像劇場大師羅伯‧勒帕吉

訪問者◎耿一偉

耿：勒帕吉先生，我們知道您是位非常忙碌的導演，經常有幾個製作計
畫在同時進行，請問您是如何保持工作平衡與源源不絕的創造力？

羅：（笑）實際上我現在非常有組織，因為在我身旁有很多專業人士在協
助我。我在魁北克市中心有一個製作中心叫「消防站」[1]，該建築之前
是一棟舊消防隊。我們花了大約十年的光陰將它發展成一個配備齊全
的工作室，而它讓我有能力去處理不同的計畫。

耿：您在1982年加入了勒佩爾劇團，並在那裡學到由勞倫斯‧哈爾普林
（Lawrence Halprin）所發展出來的RSVP環[2]。這個創法方法時至今
日，對您是否依然受用？

羅：是的，這是一個非常有用，非常精確的方法。當我跟勒佩爾劇團一起
合作時，我並非對這方法照單全收，而是部分使用它。事實上，這套
方法幫助創作者去得到他要的東西。你並不需要按部就班的遵循它，
你可以單單使用任何一個步驟，只要你覺得那是對你有用即可。所以
它依然是我工作中不可或缺的利器，但我只是部分使用而已。

耿：我了解了，換個話題吧。我們知道您有很多作品的內容都涉及東方
文化，例如《龍之三部曲》（1985）、《太田川的七條支流》（1994）
等，那麼東方在您的創作中到底扮演什麼角色？

1　該中心目前是勒帕吉的製作公司「機器神」的所在，該公司成立於1993年。1993年魁北克市政
府承諾，將原本廢棄的消防隊提供給勒帕吉的團隊使用，該中心並於1997年正式啓用。
2　RSVP 環是代表Resources（資源）、Scores（譜記）、Valuations（評價）、Performance（表
演），這個由景觀大師哈爾普林發展出來的創作方法，之後透過他的太太，也就是美國後現代舞

羅：實際上我對東方一直感到著迷，這或許是因為我自己出身魁北克，這裡的文化氛圍跟歐洲是非常不同的，而我們也不是美國人。大多數人都是往西方像歐洲取經。我則寧願另取蹊徑。最好是從一個完全不同的文化返回自身。我發現去尋求自己主體的方式，最好的做法，經常是經由一個完全不同的他者。我對這樣的他者感到著迷，我的作品也呈現了這種方向。另一部分可能是因為我是個劇場人，我不從事寫作，我的劇場是非常身體，非常視覺化的，而這些部分讓我跟東方或亞洲劇場文化更加靠近。所以我發現我從京戲或日本傳統劇場中學到的，比從歐洲學到的更多。

耿：還有一個有趣的點，1967年世界博覽會在蒙特婁舉行，您去看過嗎？我很好奇，博覽會的經驗是否對您的創作有影響呢？

羅：哈哈哈，可能吧！因為這個事件在魁北克歷史上有著重要地位，我們忽然可以接觸到世界的文化，之前此地的文化多樣性是很有限的，基本上就是北美文化。博覽會對我們這一代真的有很大的影響，世界博覽會也成為我創作的主題，在《安徒生計畫》（Andersen Project, 2005）中，其中就有一個部分是關於巴黎世界博覽會；在《太田川的七條支流》中，故事的背景則牽涉到1970年在大阪舉辦的世界博覽會。因此博覽會一直是我作品中不斷重複的主題之一。

耿：所以我可以說這是您作品特色的主要來源嗎？因為像許多評論家認為您作品中有使用多語言（multilingual）的特色，這種特色就很有可能是源自博覽會的經驗。

蹈先驅Anna Halprin傳到表演藝術界。勒佩爾劇團的創始人Jacques Lassard曾到舊金山跟Anna學舞，之後將這套方法帶回魁北克，而團名Repère則是RSVP環的法文轉化，分別代表**RE**source（資源）、**P**artitation（譜記）、**E**valution（評價）、**RE**présentatnion（表演）。對此方法有興趣者，可以參考哈爾普林著的《人類環境的創作過程—RSVP環》（臺隆出版社）。

羅：沒錯，這當然是來源之一，這點我可以確定。對於語言的多樣性，實際上也來自我對其他文化、對旅行的興趣。而且在我的劇場作品中，談話並非那麼重要。所以有時你可以在某個場景中使用另一種語言，即使觀眾不懂其字義的內涵，他們依然可以了解其情境。這很重要。

耿：我明白了。您使用相當多的現代科技來幫助您在舞台上創造一個想像的世界，那麼您對科技與藝術之間的看法為何？

羅：我認為我們對新科技的使用必須非常謹慎。否則，一不小心就會被科技所淹沒。因為科技很不好掌控，有時人們也不知道如何正確使用它，往往到了最後，一個作品反而充斥過多的新技術，讓你原本想說的事成為一個笑話。但我相信科技本身也促成一種新的語言，這是新科技最讓我感到興趣的地方。一項新的科技發明如何促成新語彙的誕生。因為我認為藝術演化的關鍵在於形式，形式往往跟科技有關，新的科技完全改變了你作品的溝通方式。

耿：所以這也是為什麼，許多人都認為您是像達文西般的文藝復興藝術家？您如何看待自己呢？

羅：我覺得大家都過度奉承我了。不過說真的，最有趣的時代莫過於文藝復興了，當時誕生了像達文西、米開蘭基羅、莎士比亞這樣的大師，那真的是刺激的時代。看看當時的時代精神，那些藝術家對科學、建築、繪畫都充滿了興趣，藝術家對於科學與藝術的發展都扮演了重要的角色。我向來也對這兩個領域感到興趣。當然，我並不是科學家（笑），我根本沒讀過什麼理化，我對科學所知不多，但我的確是對科

學感到著迷，對科學與藝術的追問感到好奇。因為就文化上來說，我們是透過藝術在了解問題的。

耿：好，下一個問題。您在創作的時候使用了大量的即興或集體創作工作坊，但拍電影看來是很難透過即興工作坊就辦得到的。所以您認為電影與劇場最大的差異為何？

羅：沒錯，我使用了大量的即興來創作作品。即使作品已經在正式演出了，我還是在即興。我認為這是劇場與電影的最大不同，劇場觀眾感覺到在他們眼前有新的事情正在發生。當然，其中還是有故事在進行，但沒有必要非依照文本不可。這對我來說是很重要的。像我最近的作品《安徒生計畫》，即使我已經表演過上百次，即使在第一百次演出之後，還是會有些更動、有些修改，觀眾也感覺到這一點。我想在劇場中最讓人感到沮喪的，莫過於事情已經停滯。

耿：您的很多說法讓我覺得跟麥克魯漢[3]的觀點很像……

羅：（笑）是的。

耿：……像是電影解放劇場、電視解放電影的說法等等，都相當接近。所以您認為劇場在這全球化的時代中到底扮演著什麼樣的角色？

羅：我認為劇場是非常自由形式的藝術。很可惜，只有很少人認識到這一點（笑），但它真的是一種非常自由的藝術表達形式，它是整體經驗可以發生的地方。當你去看電影時，那是你個人的經驗。當你去看劇場

3　Marshall Mcluhan，加拿大人，是知名的傳播理論大師，曾提出「媒體即訊息」與「地球村」等知名觀點。關於他對新舊媒體關係的看法，可參考《預知傳播紀事》（商務出版社）一書。

時，卻是個集體的體驗，而這個集體又會對台上的表演產生影響，這是最後一種、最珍貴的藝術溝通。在法文裡，communion跟communication的意義是相當不同的。communion是一種深層的溝通，劇場就是communion發生的地方。在大眾媒體盛行的現代，人們在螢幕前看電視，他們是待在家中的個體。但劇場是一個整體，劇場提供人們進行深層溝通的機會，這是劇場最重要的角色。

耿：不論在您的電影或劇場作品中，我們都可以發現，您很喜歡將世界與魁北克同時並置，所以您是如何看待自己的作品？是從世界的眼光，還是魁北克的眼光？

羅：我的看法是，如果你想要很世界的話，你就得非常在地。如果你以為可以創造出一些普遍的角色或情節來取悅全球觀眾的話，那你就錯了，那是不可能的。這世界上，無論是任何地方的觀眾，都可以認同一個非常在地的故事。這對我來說很重要，因為它代表了我是誰、我從哪裡來，而且我用我在地的特殊方式來創作作品。例如當人們去看一場日本傳統劇場的演出時，裡頭會有很多日本的東西，像和服、塌塌米等等，一種完全日本式的情境，演員也是當地的演員，觀眾會在裡頭看到日本式的真實。但即使我們並非日本人，我們還是感受到，在如何發生、在哪裡發生的事件背後所反映出來的普遍性。所以，用你自己的觀點去探討你生命中發生的事，這反而更能吸引到全球的觀眾。

耿：您曾表示過自己熱愛旅行與地理，那麼您應該知道台灣跟魁北克面臨著類似的處境……

劇場（歌劇也是）進入了電影：兩名主要角色表演完哈姆雷特後，在化妝室裡建立起關係。
（Véro Boncompagni 攝）

羅：是的，我知道。

耿：所以我想請問您，您的電影或劇場作品是否也反映了您的政治立場或是對當前世局的觀察？因為我觀察到，像在您的電影《無能無不能》（Nô, 1998）中，裡頭牽涉到魁北克尋求獨立的議題。

羅：是的，沒錯，我想我的劇場確實有其政治面。但那不是解放式的，我並沒有刻意去政治化。我想，當你談到身邊的人事物時，勢必會牽涉到政治，這不是你要不要的問題。有趣的是，像我們拍攝的電影《在月球的彼端》（Far Side of the Moon, 2003），裡頭談到一對分離已久的兄弟、兩人試圖尋求和解的故事，當這部片在南韓放映時，它馬上產生不同的意義，因為南北韓正在面臨統一的和解問題，所以這部片在他們眼中就非常的政治。但當我在寫這個故事時，其實它是沒有這麼政治化的。所以我想，藝術家並不一定要很政治，而是作品自然會有其面向，你只要對它有警覺就好。而且，我們也活在一個將劇場當作政治隱喻工具的時代裡。

耿：但您還是承認您的早期作品中有其政治意涵，而你也是刻意這樣做的，是吧？

羅：是的，我承認。

耿：我發現在您的作品中有經常會有一些殘障的角色，例如在《文西》（1985）當中，您自己扮演一個盲說書人，而在《地殼板塊》（1988）裡，有一個聲啞的角色叫安東尼，在電影《無能無不能》裡的日本女

翻譯是盲人。這些殘障的角色對您來說有任何特殊的意義與安排嗎？

羅：我發現在很多故事，例如在希臘悲劇中，都會有這樣的角色。當有某
　　個角色是殘障時，這個角色看待世界的方式會很不一樣，因爲他存在
　　的方式跟一般人就很不一樣。像一個聽障者，他對世界的知覺就會很
　　不同。這就讓事情變得非常有趣，你會想透過他們的感官去重新看這
　　個世界。而這些角色在戲劇中，通常會被賦予某種特殊的洞察力，而
　　這是其他一般角色所沒有的。我本身並不是殘障人士。但我小時候有
　　一段時間沒有頭髮，我得了禿頭症，這讓我跟一般小孩看起來很不
　　同。這種情況讓我體驗過某種特殊的人性面向，若非得了這種病，我
　　是絕對看不到這些面的。當然，我並不是得了什麼大病，或是跛腳，
　　我可以做任何我想做的事，但它提供了我看世界的不同方式。我的作
　　品中則透過這些殘障角色再現了這一點。

耿：您提到童年經驗，這也讓我聯想到另一件事，在您的作品，例如《告解
　　室》（1995）或《在月球的彼端》中，兄弟之間的緊張關係似乎也是一
　　個經常出現的主題，這也跟您童年經驗相關嗎？

羅：有部分是如此的。其實我跟我哥哥並沒有什麼問題，有的只是代溝的
　　問題。他大我七歲[4]，而我總是想跟著他的腳步。他對純藝術比較有興
　　趣，我卻對通俗文化較有感覺。所以我們一直有緊張關係，但也沒到
　　衝突的程度。而當你失去父母的時候，兄弟姊妹之間的關係就會變得
　　更重要，也會產生更多問題。

耿：您知道嗎，有時候我覺得您很像我們這個時代的小王子…（勒帕吉

---

[4]　勒帕吉的父母在他出生前領養過一對兄姐，他們是講英文長大的。勒帕吉和他親妹妹則是講法
　　文長大的。勒帕吉大哥的名字叫大衛（David），曾在渥太華的卡爾頓大學（Carleton University）
　　建築學院擔任教授，有些評論認爲《在月球的彼端》反映了兄弟間競爭的緊張關係。

大笑）…真的，真的，這真的是我的直覺，您旅行並說故事，卻不
去破壞任何事。您到底是如何定義自己的？

羅：哈哈哈，不過我不會否認我是個小孩子（又笑）。說真的，我視自己為
一個真正的劇場人，我定義自己為多媒體、多領域的，因為我對很多
事都充滿興趣。這是件好事，但問題也很大，因為我想做的事太多
了。我覺得我是個充滿好奇心的人，總是很容易著迷，這成為我工作
的動力來源。基本上我的玩性很重，是個喜歡嬉戲的人。很可惜的
是，在現代的劇場界，玩的想法似乎消失，那種想法就像小孩喜歡玩
一樣，跟形式玩、跟道具玩、跟演員玩、跟服裝玩。我真的是個很愛
玩的人，你必須具備這項特質才有辦法真的作劇場工作。

耿：我們知道明年（2007）秋天您將會來台灣的國家戲劇院演出，請問
您將會帶來什麼作品？您要跟我們玩什麼？

羅：（笑）嗯，我們希望能帶《安徒生計畫》去。

耿：這是最後的定案嗎？

羅：還不是（笑），其實那時可以到台灣的演出，共有《安徒生計畫》、《在
月球的彼端》、《龍之三部曲》、《街頭藝人歌劇》（The Busker's Opera,
2004）等幾項選擇。

耿：所以《安徒生計畫》是您比較想要的……您會演吧，您會做您的獨角
戲（one man show）吧？

羅：對，我會演。因爲我也想去台北（大笑）。我去過亞洲其他地區，卻沒有去過台灣。

耿：除了香港[5]之外，您曾去過大陸嗎？

羅：沒有，除了香港之外，還沒去過大陸。有些提議說要去北京或是上海，不過還不確定，因爲還有一段很長的路要走。

耿：您會寫書法吧？

羅：是的，還不賴。因爲日文裡用了很多漢字，而我可以讀得懂。所以像我到香港，就可以看到很多我熟悉的漢字，不過因爲有些意義並不相同，有時我也會搞亂。但我在香港時，還是很驚訝，居然有那麼多字我認得出來。

耿：既然您會讀，那您會說中文嗎？

羅：不，我不會說中文。但因爲學過日文，所以我會讀日文的漢字，而且我現在日文讀得還不錯。

耿：所以您比較會讀，而比較不會說？

羅：對我來說，這是文化差異的問題，我是個比較視覺型的人。當我第一次到東京時，我學讀學得很快，但學說日文就不是這樣了（笑），即使我不知道那些字如何說，我還是可以了解到字的意義。像我若要去書

5　2003年2月，勒帕吉的《在月球的彼端》曾到香港藝術節演出。

這張照片攝於《太田川的七條支流》1994年3月第一次的公開排演。在當時，全劇總長七個小時裡，只有兩個小時已經整合完成，一位書法家被帶進劇場寫出故事所需文字，日後由演員自行接手。

店，當我看到「本屋」（honya）兩個字時，我會知道那是書店。我今年七月還要去東京和大阪演出，我準備帶著我的日文書和關於中國文化的書去讀（笑）。

耿：您經常進行許多國際合作計畫，明年若來台灣，您是否有考慮過未來要跟台灣的團體合作？您對此地的表演團體有任何概念嗎？

羅：我是沒有什麼概念，不過通常這種事會發生，是當我第一次到某個國家演出時。我會認識很多藝術家，他們會來看我的作品，我們會有些接觸。通常在此之後，就會有些合作計畫產生。所以我對第一次的接觸總是充滿期待。雖然我還沒去過台灣，對台灣的藝術也一無所知，但我對台灣的藝術界很感興趣。

耿：您曾為彼得・蓋布瑞爾設計過演唱會，也執導過許多歌劇。對您來說，在劇場中聲音與意象之間的關係為何？

羅：這是個很重要的問題。我剛開始執導歌劇時，我發現歌劇跟劇場與電影的關係，是同中有異。因為它一方面講故事，但同時觀眾也不會對情節做太多思考。因為他們沉迷在音樂演唱當中。而京戲的例子也有很有趣的，它將日常生活語言提升到一個高度。將語言從說話的方式轉成用唱的方式，這對一些來自語言很平的國家的人來說，是件相當令人震撼的事。像義大利語，基本上就是一種歌唱的語言，所以歌劇會誕生在義大利，因為它是如此的高低起伏。有些語言則是很平，像法文就很平（笑），你知道，英文其實也很平。我覺得聲音與意象之間的關係是非常重要的。像我在執導歌劇時，之前為演唱會做舞台設計

的經驗就變得很有用。當你去看歌劇時，你會在裡頭看到文學、藝術、建築等，各種藝術形式之間的合作，演唱會則是試圖取代這種歌劇聲音藝術的聚集場合。

耿：其實您跟彼得・蓋布瑞爾滿像的，他是個非常多才多藝的人，而您也一樣多才多藝。所以您喜歡跟多才多藝的人合作，是嗎？

羅：嗯，跟他合作，為他設計演唱會真的是個難得的經驗。他才是真正文藝復興式的藝術家（笑），他是個偉大的歌手、作曲家，但他也對科學、科技等其他不同的領域充滿了極大的興趣，他作品的形式與內容也因此而更加豐富。跟他合作我學到很多。而且他是個很友善、很容易親近的人。

耿：您經常作個人秀，像在《文西》、《愛爾西諾》（1995）、《在月球的彼端》等，都是一人同時飾演好幾個角色。當一個演員對您來說意味著什麼？

羅：作為一個導演，你必須偶爾也當一下演員，好多了解演技這件事。因為我有時會製作一些很大的計畫，這些計畫必須動用到很多的演員，而當你跟許多人合作時，很多個人情感便無法抒發。因為你得妥協，你得想辦法讓事情繼續走下去。所以個人秀的演出對我來說，是一件好事，因為我可以把平常在集體合作中不能表達的，完全宣洩出來。

耿：您未來還有什大計畫，是否可以跟我們分享？

羅：我要為大都會歌劇院（The Metropolitan Opera）製作《尼貝龍指環》系列，時間會從2010年橫跨到2012年。然後我還會有一個新創作，有點像《太田川的七條支流》，演出會長達九個小時，這個作品叫《對嘴》（Lip Sync），它將會探討人類聲音的主題，是個很刺激的計畫。我不知道我們接下來是否有錢拍電影，但我想拍《龍之三部曲》。

耿：多長？也像原來的演出一樣，長達八、九個小時嗎？

羅：不（笑），電影版大概是兩小時，劇場版的演出則有九個小時。

耿：您如何看待自己？尤其當拿您跟其他劇場大師如彼得·布魯克、阿依安·莫努虛金、羅伯·威爾森等導演作比較時，哪些部分讓您有別於他們？

羅：實際上我認為，我跟他們之間的相似大於彼此之間的差異。我很敬重這些導演，他們對我的作品有很大的影響。但最大的差異，應該是他們是文本取向的。不論是什麼樣的計畫，他們還是從文本出發，我的工作卻是穿越文本的。一開始是沒有文本的嘗試，最後的成品才形成文本，這完全是從相反的方向進行。我想這是我們之間最大的區別，我對這樣的工作方式很感著迷。他們則真的走另一條路，他們從一個很強的文本出發，然後試圖從中發現什麼，而我卻是處在寫作的過程中。

耿：這次2006台北電影節有您的電影專題，您有四部片《告解室》、《無能無不能》、《偷腦》（Possible Worlds, 2000）、《在月球的彼端》要在電影節中播放，請問您是否有任何話想對我們的觀眾說？

羅：關於我的電影嗎？

耿：都可以，您說。

羅：好的。在我的電影作品中，是有些明顯的軌跡在裡頭。我試圖了解，如何將我的劇場作品轉化成電影，這是一個很長的過程。我每次做這件事，我就覺得越來越了解如何做好它。有趣的是，我也發現了劇場與電影之間的差異何在。其實電影更接近文學，更接近小說。長久以來，我總是面對如何將舞台轉化成電影的困難，因為我想將自己的劇場作品拍成電影。但現在，我從劇場作品出發，然後我先將它想成是小說，然後再想像成電影。我們一直都以為電影跟劇場是近親，因為它們都共享角色、情節、場景等。其實不然，電影實際上是離劇場很遠（笑），而更接近書本的。

耿：所以您認為自己是劇場人，還是電影人？

羅：當然是劇場人，我會這樣說。電影對我而言，不過是為我劇場作品拍照的機會而已。但也只是拍一張照片。這有點像家庭相簿，裡頭有一張張小小的照片，那都代表了你生命中的某階段的瞬間。

耿：很多媒體都說，您是魁北克的最佳代言人。所以您是否覺得有自己必須承擔呈現魁北克社會與文化的責任？

羅：是的，我覺得自己有著這樣的責任。當我們在世界各地巡迴時，我們也的確同時小小宣揚了一下魁北克。但我覺得自己也有責任替魁北克

對勒帕吉來說，歌劇和搖滾演唱會，代表劇場的放大形式。有好幾年時間他兩者表現得不分軒輊。當荀白克歌劇《期待》（上圖）和《藍鬍子城堡》兩部歌劇在多倫多的加拿大歌劇院首度上演時，年輕人大排長龍購票，彷彿他們是去參加彼得‧蓋布瑞爾「秘密世界之旅」的巡迴演唱會似的（下圖）。

介紹世界其他地方的文化（笑）。因為魁北克是個很親密的社會，太關心自己了。讓外面的人知道魁北克是件好事，但你也必須讓魁北克人知道外面的文化為何，外面的世界是什麼樣子，地球的那一端有亞洲人，他們有些文化對藝術有大的影響等等，這也是我一直嘗試在做的事。

耿：我有一種印象，覺得您跟彼得‧布魯克或阿依安‧莫努盧金很不同。他們在作品中用了很多東方的元素，而在您的作品中，您運用更多視覺的元素，這些元素似乎更加普遍。我的意思是說，您不會直接用那麼具體的地方元素。這或許也是當您在世界各地演出時，人們會有不同反應的理由，因為您作品中的普遍元素喚起他們內在的回應，您認為是這樣嗎？

羅：我同意部分原因是如此沒錯。不過，如果我挪用了中國劇場、日本劇場或印尼劇場的元素，我得吃下它、想辦法消化它，讓它成為我的一部分。但有些人到了亞洲後，他們拿了一些東西，卻沒有吃下它，只是將它放在那裡，擺在他們面前。他們太尊敬這些文化，太戒慎恐懼了。像我們在面對日本傳統時，我們總是會很尊重這些傳統。但我認為不應只是這樣，我覺得你可以將它拿過來，然後吃下它。這就是我跟他們不同的地方。我喜歡彼得‧布魯克與阿依安‧莫努盧金的作品。但有時他們對傳統太尊重了。我看過莫努盧金最近的作品，我覺得那是她最好的作品[6]。因為她終於吃下這些傳統，並且尊重它，這讓我覺得非常棒，非常吸引人。

耿：最後一個問題，對您來說，您覺得劇場是什麼？

6　有可能是指《最後的驛站‧奧迪賽》（Le Dernier Caravanserail. Odyssees），該作品2005年曾在世界各地巡迴，原本也計畫來台灣，但因故作罷。

羅：我覺得劇場對我來說是一種發現，是發現世界的大好機會。當你成爲
藝術家，你的任務就是發現，發現內容、發現主題、發現形式、發現
說故事的方式等等。對我來說，我總是在尋找發現的機會。當你去看
某場演出，而該演出的創作者試圖去發現某種發現時，對觀眾來說，
那會比單純的發現更加有趣（笑），你懂吧。因此，我知道我喜不喜歡
劇場，關鍵就在於我能不能在其中發現新的事物。當我不能在其中發
現新的事物時，我就不覺得被吸引。發現這件事是很重要的，當你離
開學校或大學，你就得自己展開發現的歷程。因爲你必須明瞭，已經
沒有人會教你那些令人感到驚奇的未知事物。劇場就有那個力量，那
是一種持續的教育，而且是好的、有機的、不那麼無聊的教育方式。

耿：把劇場當作地理……

羅：哈哈哈，對，沒錯，地理課（笑）！

耿：勒帕吉先生，非常謝謝您接受我們的訪問。也希望明年您來台灣
時，觀眾能享受您帶來的作品，而您也對台灣之行感到滿意。

羅：也很高興認識你。謝謝，再會。

當代劇場說故事人羅伯‧勒帕吉的 《安徒生計畫》

文◎耿一偉

2006年1月26日至2月28日《安徒生計畫》（The Andersen Project）於倫敦演出。實際上，《安徒生計畫》之前已在五個城市巡迴演出過，包括首演的魁北克（2005.2）、哥本哈根（2005.5）、法國北部的Châlons-en-Champagne（2005.11）、巴黎（2005.11）、雪梨（2006.1）。在倫敦版的節目手冊上，勒帕吉寫道：「在演出當中花了這麼多時間與『安徒生』相處之後，我發現我對說故事的喜愛，不僅在於它可以釋放我體內的想像力，而且說故事讓我能和安徒生一樣，能走出自己的孤獨，有機會被這個世界所接受。」

最早是丹麥製作人Les Seeberg邀請勒帕吉，請他為安徒生兩百週年誕辰（2005）製作一齣獨角戲。一開始勒帕吉還不曉得要從哪裡出發，但當他讀了Seeberg送給他Jack Wullschlager寫的《安徒生傳：說故事人的一生》（Hans Christian Andersen: The Life of Storyteller）之後，事情便急轉直下。這本書分析童話背後複雜的說書人安徒生，關於他的不安全感、難以公開的同性傾向、無法在家鄉獲得肯定的沮喪心情等，都讓勒帕吉心有戚戚焉。

在勒帕吉過去的創作中，最大的特色，就是他會將個人經歷轉化成演出內容的一部分。同樣的，我們也在《安徒生計畫》中看到類似的痕跡。在這齣獨角戲中，勒帕吉一個人要飾演好幾個角色，包括是蒙特婁年輕作曲家Frédéric，巴黎歌劇院經理Arnaud，在偷窺秀櫃台工作兼塗鴉高手的Rashid，還有安徒生本人。

戲一開始，男主角Frédéric站在舞台對現場觀眾說，原定的兒童歌劇

《樹精》因故取消（其實這是最早勒帕吉的演出計畫），接下來他要說一個《安徒生計畫》的故事。這個故事以Frédéric到巴黎求發展，卻屢屢受挫作爲主要情節，並穿插安徒生的生平片段，還有朗誦演出《樹精》與《影子》。

　　勒帕吉在節目手冊裡說：「在我的狀況裡，我是對安徒生個人比較有興趣，我並不想寫另一個他的傳記，而是了解這位北歐最偉大作家，對一個失去浪漫主義、遺忘了如何用孩童眼光看待世界的現代社會，如何做出他的回應。」

　　如果我們用勒帕吉最喜歡的RSVP環來解釋。我們可以發現，安徒生兩百週年的演出計畫若是「資源」（**R**esources），Wullschlager寫的傳記就算是「譜記」（**S**cores）了，因爲書中提供了對安徒生生平與童話的解釋，而勒帕吉則以自己的個人經歷進行「評價」（**V**aluations），回應他要的部分，最後就變成了我們看到的《安徒生計畫》「演出」（**P**erformance）。

　　在接受英國《衛報》的訪問中（2006.1.18），勒帕吉提到：「《安徒生計畫》是受到兩個晚期童話的啓發。在安徒生六十歲之際，他寫下了幾篇他最好的故事，不但成人色彩更加濃厚，比起早期的知名作品，也更具實驗性。其中一篇是《樹精》，故事發生的背景是1867年的世界博覽會，安徒生曾參觀過兩次，對於現場展示的機械發明相當感到著迷。」對於勒帕吉來說，這個故事反映了歐洲放棄了浪漫主義的想法，迎向現代主義的來臨，也反映了安徒生的一些想法。

　　在《安徒生傳：說故事人的一生》中，Wullschlager也提到《樹精》對安徒生的意義，認爲安徒生將他在性上面的受挫投射到《樹精》這個故事裡（Wullschlager 2000:411）。當然，大家都知道這個故事背景與世界博覽會相關，靈感來自1867年安徒生到巴黎參觀世界博覽會的經驗。

　　於是，RSVP環中的「評價」又出現。1867年恰好是加拿大獨立的那一年，世界博覽會則代表著現代社會與全球化來臨，勒帕吉向來又對世界博

覽會相當有興趣（《太田川的七條支流》和電影《無能無不能》都牽涉到世界博覽會）。奇妙的連結產生了，透過《樹精》，勒帕吉將他自己、安徒生與加拿大拼貼在一起，催生了《安徒生計畫》。

在《衛報》的訪問上，他提到：「另一個啟發來源是《影子》，這是安徒生最有趣的一個童話，人們很少讀這故事給小孩聽，因為它實在太恐怖了。這個故事早在佛洛伊德與容格之前，就暗示每個人都有其陰暗面，而且它會脫離你的控制，甚至毀滅你。這也反映在我演出的角色當中，像劇中那位著迷於觀賞色情演出的巴黎歌劇院經理，最後也被自己的喜好吞噬。當十一月我在巴黎演出時，我很害怕這個角色及法國人喜歡罷工的笑話，會激怒觀眾——至少是那些曾幫助資助這場演出的人們。而且安徒生計畫也挖苦到一些跟我們合作的人，因為這是個跨國合作的計畫。但很幸運的，他們也都習於批判也接受自我批判，整個演出大家都玩得很開心。」

《影子》在劇中也具有多重指涉的功能。如果我們細心一點看，就會發現《影子》作為次要情節，也投射到主要情節當中。像最後Frédéric的女友Marie被他換屋的法國好友Didier把走，他的工作被美國同行搶走，就是最好的例子。這就是勒帕吉作品的迷人之處，當你看完後不斷把玩它，它總能像萬花筒般變化出不同意義出來。

實際上，《安徒生計畫》內容經過一些演變，例如在魁北克首演版中，有一段是男主角Frédéric於夢中乘直昇機回到蒙特婁1967年世界博覽會現場，但在倫敦版的演出中就看不到這一段。各方對《安徒生計畫》詮釋各有不同，倫敦方面的評論家，大多認為這齣劇主要是關於藝術家的創作問題；至於巴黎方面，則認為《安徒生計畫》是對巴黎這個城市的讚美；魁北克的觀眾則讀出法國與魁北克的殖民關係。

除了敘事內容與手法別出心裁之外，《安徒生計畫》最讓觀眾驚喜的，就是結合現代科技的獨角戲演出。像演員可以站到投影幕上和影像互

動，達到許多劇場導演的夢想，讓電影如同燈光一般能為劇場服務。那隻看不到身體，卻透過狗牌讓我們知道她在舞台上穿梭的小狗Fanny，帶來了變戲法的樂趣。快速的舞台道具調度與換裝，也讓觀眾嘖嘖稱奇。

　　但是《安徒生計畫》的巧妙處，在於high-tech與low-tech並陳。一些high-tech的使用，或許能讓人讚嘆，但是low-tech卻讓觀眾的想像力有參與的機會。所以劇院經理Arnaud為他女兒講《影子》，雖然用到每個人都會的檯燈製造影子技巧，卻是震撼人心的詩意演出。安徒生和歌劇女伶共處的那一段，其實更接近偶戲，卻沒有減少它應帶來的浪漫感。

　　如前所述，勒帕吉將自己投射到演出當中，不論在《衛報》或節目手冊中，他都公開承認他對安徒生的認同。他還在節目手冊表示：「實際上，整個感覺是我們都享有類似的童年，一種被週遭環境歧視的感覺，也因此讓我們都感覺到痛苦與孤立。不論如何，這種孤立也反而讓我們了解到，其實每一個人都是獨一無二的。」

　　勒帕吉對台下觀眾朗誦童話，這是安徒生最喜歡做的事。但是勒帕吉也用科技展現了另一種說故事的可能性，幫劇場找回令人驚奇的感覺，這又是安徒生畢生的未完心願。我們看到《安徒生計畫》不但保有浪漫主義對兒童的崇拜，又兼有世界博覽會的未來感。勒帕吉把所有觀眾帶回童年，只是這次是屬於成人的兒童世界。

　　繞了一圈，我們才發現勒帕吉就是現代安徒生，這就是《安徒生計畫》最令人感到驚奇的一個發現了。

主要參考資料

1. Fricker, Karen (2007),"Cultural Relativism and Grounded Politics in Robert Lepage's The Andersen Project", Contemporary Theatre Review, Vol. 17（2）, 119-141
2. Wullschlager, Jackie (2000), Hans Christian Andersen: The Life of Storyteller, Chicago: The University of Chicago University Press
3. 《安徒生計畫》2006年倫敦演出節目手冊

劇場電影還是電影劇場
——羅伯‧勒帕吉的電影世界

文◎耿一偉

　　電影作為一種複製藝術，比起劇場來，更容易被一般大眾所接近。所以勒帕吉的電影，擴大了他的觀眾群。2006年台北電影節播放了四部他的電影作品，分別是《告解室》（Le Confessional, 1995，又譯為《懺情記》）、《無能無不能》（Nô, 1998）、《偷腦》（Possible Worlds, 2000）、《在月球的彼端》（Far Side of the Moon, 2003），這幾部作品為他贏得許多粉絲，也讓更多觀眾想進入劇院觀賞他的戲劇。

　　在電影上，勒帕吉相當推崇超現實主義詩人考克多。考克多多才多藝，還是畫家、劇作家、演員、電影導演等，與勒帕吉頗有相似之處。勒帕吉表示：「在考克多的電影《奧菲斯》（Orpheus）裡，他總是挑戰你，他總是說『這裡有個房間，如果我們要走入死亡的世界之類的，那我們就必須穿越鏡子。』但他不能老是用同一種方式穿越鏡子；他每次總是會找到不同的方式。如果你細心看電影，你會發現影片中有七種不同穿越鏡子的方式，沒有任何重複。所以關鍵在過渡（transitioning），關於從一地方到另外一地方，還有你如何到達。而這個到達的方式就為電影帶來了語言。」（轉引自Dundjerovic, 2003:25）

告解室｜Le Confessional

　　勒帕吉電影的初啼之作是《告解室》，這部片為他獲得加拿大奧斯卡之

稱的金尼獎（Genie Awards）十一項提名，並抱走最佳影片、導演與藝術指導等三項大獎。

情節穿梭在1952年與1989年之間，主角是皮耶（Pierre）與馬克（Marc）兩兄弟。1952年希區考克到魁北克拍攝《懺情記》（I Confess）（歷史上確有其事），拍攝地點的教堂有一位名為拉結（Rachel）的少女在那裡工作，她是皮耶母親的妹妹。沒想到拉結卻懷孕了，大家都懷疑兒子的父親是她經常去告解的年輕神父。雖然遭受教會來的壓力，神父堅持替告解者守密的原則，不願透露真相，也造成他被教會解職。至於拉結，也從不說讓她懷孕的是誰，小孩生下來後取名為馬克。不久拉結自殺，馬克也被姐姐與姐夫收養。

1989年這條線（那年是天安門事件），是在中國待了三年的皮耶回來參加父親喪禮，可是馬克沒現身，皮耶只好在旅館打工。有一天在一位客人的房間裡他發現馬克的蹤跡，而房間裡的年長國際西洋棋手，還是馬克的男友。經過一番尋覓後，兄弟終於碰面，並發現馬克和前女友生下一名小孩。不過，馬克一直希望能找到生父，於是皮耶到當年拍片的教堂試圖尋找年輕神父的下落，最後追蹤到那位神父竟然就是在旅館碰到的西洋棋手……。本片結局令人拍案叫絕，懸疑性不下希區考克的電影。

勒帕吉說《告解室》是：「關於典型住在加拿大法語區的人，他們原本擁有自己的真實，但突然發現他們面對了一種神秘的好萊塢式真實，裡頭充滿明星，但也夾帶著大量美國主義。我想這是一個探討認同的好方法。這是一部關於認同的電影，同時也探究何謂真理的遊戲。對我來說，今天這個世界已經過度被知識與真理的想法所眩惑。那是對於真理與秘密的知識，拒絕隱藏的想法。而且對我來說，很少人願意去了解何謂真理，我想這是一個值得發展的主題。這也就是為何這部片，是建立在一個隱藏的秘密，一個從未說出的真相上。最重要的，是我相信這些角色如果在一

《告解室》的拍攝現場。（Marc Robitaille 攝）

開始就知道眞相爲何，他們的命運將會有根本性的變化。」（轉引自 Dundjerovic, 2003:56）

測謊器 ｜ Le Polygraphe

《測謊器》是改編自勒帕吉1987年的同名劇場作品。由於勒帕吉偏好不斷修改劇本，即使劇場演出都經過好幾次的演化。電影與早先劇場版或後來出版的劇本，都有相當大的差異。這個劇本也同樣反應了勒帕吉的創作特色，就是從個人經驗中擷取素材。

勒帕吉在戲劇學校讀書的時候，他有一位好友疑似被謀殺。於是警方開始調查這個案子，死者的身邊好友們也都遭到約談，這群朋友也因此開始互相懷疑彼此。即使後來證明死者是自殺，但是他們之間的友誼也受到無法挽回的破壞。

在電影《測謊器》中，男主角成了政治系學生法蘭索瓦（François），兩年前他的女友瑪莉克萊兒（Marie-Claire）慘遭殺害，警方將他視爲頭號嫌疑犯。爲了證明自己的無辜，法蘭索瓦必須接受測謊，但是測謊結果也讓他備受煎熬。接著法蘭索瓦又聽到兩年前的謀殺疑案，將被拍成電影的消息。劇本則是由他的好友茱蒂斯（Judith）所寫，女主角則由他另一位好友，也是他鄰居的露西（Lucie）飾演。這些接二連三的事件，造成法蘭索瓦的情緒不穩與罪惡感，他開始分不清楚想像與眞實，並懷疑自己記憶的眞實性，連自認的清白也開始動搖。最後他要求他的好友克勞馥（Claude）作他的不在場證明。沒想到克勞馥卻吐露長期以來，她忌妒法蘭索瓦與瑪莉克萊兒戀情的事實，也揭開了謀殺案的眞相。原來是克勞馥殺了瑪莉克萊兒。最後克勞馥返回法蘭索瓦的公寓，放火殺了自己。

《測謊器》作爲勒帕吉的第二部片，獲得1996年金尼獎六項提名，包括最佳影片、導演、女主角、女配角、攝影、改編劇本等。雖然評論家認爲本片

《測謊器》如同勒帕吉所有的戲一樣持續地在演化中。但相較於其他的作品,當1996年初被拍成電影時,這齣戲歷經更大的蛻變。《測謊器》從原本的藝術形式轉變成另一種,改變幅度之大,在有測謊器出現的場景裡極爲明顯。(左頁圖,戲裡,Bengt Wanselius 攝:上圖,電影裡,Véro Boncompagni 攝)

沒有《告解室》那麼好，但是勒帕吉的研究學者Aleksandar Dundjerovic指出，這部片讓勒帕吉對拍片技巧有更成熟的掌握。

對於《測謊器》所帶來的經驗，勒帕吉也說：「這或許是最困難的一段時光，因為你在另一種詩意系統裡創作，而它基本上是建立在現實上。當電影是超現實，它是最有趣的。因為你必須超越寫實主義。電影裡到處都是特寫，顯現一些細節，顯現一些之前你沒看到的東西。劇場卻是拉開，呈現一個整體。觀眾距離物體非常遠，他們處在情境之外。所以關鍵在看事情。電影是特寫在看事情。」（轉引自Dundjerovic, 2003:150）

無能無不能｜Nô

《無能無不能》與《測謊器》一樣，也是改編自勒帕吉的舞台劇作品，而且是他在國際劇場界的成名作《太田川的七條支流》。

故事背景穿梭在兩地之間，地點是大阪與蒙特婁，時間是1970年。女主角蘇菲所屬的蒙特婁劇團，在大阪世界博覽會的加拿大館中，演出法國劇作家費多（George Feydeau）的鬧劇《馬克西姆來的小姐》（La Dame de Chez Maxim）。蘇菲的男友米謝（Michel）是政治狂熱份子，他在蒙特婁家中看到電視上十月危機的報導（魁北克解放陣線綁架副省長，於是總理宣布戒嚴，也造成魁北克的反彈），決定和解放陣線的友人進行恐怖炸彈行動。

一切如同戲中戲《馬克西姆來的小姐》，都在陰錯陽差間進行。蘇菲打國際電話回家，想告訴男友她懷孕了，結果恰好米謝解放陣線的友人來，他還沒聽到好消息就急忙把電話掛了，也造成蘇菲的疑慮。蘇菲劇團的另一名男演員對她有興趣。為了擺脫他，蘇菲跟加拿大駐日代表處的官員夫婦吃飯，沒想到該名官員也對蘇菲性致勃勃，最後喝醉的蘇菲跟官員還回到旅館，氣得老婆跑來捉姦在床。

至於米謝這邊，他們的行動早就被警方監視，定時炸彈的鬧鐘卻是調錯的。幸好這是喜劇，一切都在險境中發生，但所有人都平安無事。美中不足的，是蘇菲趕回蒙特婁，看到爆炸現場後，嚇得流產。十年之後（1980），成為中產階級的蘇菲與米謝在家裡看電視上第一次獨立公投失敗的報導，對此議題有些無動於衷。影片結尾是兩人最後擁吻，準備要生小孩。本片分成黑白與彩色兩個部分，在魁北克是用黑白，日本則是用彩色。

敏感的觀眾，可以在本片中觀察到勒帕吉作品的長期特色，將個人情感、國際旅行、魁北克議題、世界博覽會代表的現代化等主題交織在一起。例如來台演出的《安徒生計畫》，也展現了類似的主題交織。

《無能無不能》一樣獲得好評，除了金尼獎最佳劇本、女主角、服裝等三項提名，還被多倫多影評協會（Toronto Critics Association）選為年度最佳加拿大電影。他說：「有很多人懷疑我們是否在開十月危機的玩笑。但是我們不是在開玩笑，我們只是呈現它的喜劇面，我們只是對此事關心的業餘團體。在這事件中有些笨拙，這就是我想表達的，而不是去嘲弄當時的政治理念，這些理念直到今日都還影響著我。」（轉引自Dundjerovic，2003:99）

偷腦｜Possible Worlds

《偷腦》是一部科幻片，改編自加拿大數學家兼作家John Mighton的同名劇本。本片由三條支線交織而成，第一條是男主角喬治被發現陳屍在家中，腦部被切開，大腦則不翼而飛。於是即將退休的警官柏克萊（Berkeley）底下的幹員威廉斯（Williams），開始著手調查此案。第二條線是在命案發生之前，喬治於一家醫院餐廳碰到喬依絲（Joyce），他對她頗有好感，並開始追求她，最後兩人會在一起。第三條線是喬治在酒吧碰到一名女子，這名女子跟喬依絲長的一模一樣，個性完全不同，在兩人交談

中，喬治解釋他能夠穿梭在不同的可能世界中，所以可以知道每個人心理在想什麼，之後兩人便發生一夜情。

當喬治能平行活在不同世界的訊息被揭露之後，三條支線的分界也開始變得模糊起來，觀眾也會發現銀幕上所呈現的，已經逐漸變成喬治腦中的世界，是誰偷走他的大腦，也隨之揭曉。

這是勒帕吉第一部英語片（2000），除了獲得金尼獎六項提名外（包括最佳電影、導演與女主角），也獲得最佳剪輯和藝術指導兩項獎項，證明了本片在視覺效果上的突破。

在《偷腦》當中，勒帕吉的電影技巧愈趨成熟，他說：「我必須承認，之前我還很難指出拍電影的好處在哪裡，因為劇場一直可以滿足我。但當我在拍《偷腦》時，我卻離開了室內，『結果，我們站在小島的海灘邊拍攝外景，拍攝一些超現實式的外景鏡頭之類的，這是我之前從沒做過的。』像我在拍《測謊器》時，我拍了一些雪地的定場鏡頭（establishing shot），也利用了銜接鏡頭，但《偷腦》這部片，只有拍外景才會合理。拍電影的時候，你會說『這裡是北極，我們需要一台直昇機』。你會做一些你在劇場裡不會做的事：你會想辦法抓住自然，設法抓住城市，找到都市蔓延的邏輯，找到連續運動的法則，找到光線在巨大環境中移動的原理。我想：『如果要我持續拍電影，我就要做到這樣。』因此在《偷腦》的自助餐廳裡，雨是下在大片玻璃上，但在我早期的片中，如果下雨，雨只是下在小玻璃窗上。」（轉引自Dundjerovic, 2003:152-3）

在月球的彼端 | The Far Side of the Moon

這部片源自勒帕吉的同名獨角戲（2000），他說：「當我在作《在月球的彼端》時，我了解了不同媒體之間的關係，因為它是劇場，如果燈光不好的話，很多人根本看不清楚我的臉，但是我有用一支迷你麥克風，就

像拍電影一樣，它用來收我的音，等於是我聲音的特寫。再加上使用劇場、視覺的肢體表現，我的演技還是可以非常電影式的。」（轉引自Dundjerovic, 2003:151）

電影裡的兩位男主角，都是由勒帕吉一人扮演（這是他第一次在自己片中演出），分別是在電話行銷打工，其實是研究冷戰科學競賽的哲學意義的博士班學生菲利普（Philippe）；以及菲利普在電視台當氣象播報員的弟弟安德列（André）。故事一開始是他們的母親剛過世，往日照顧母親的菲利普處理後續，並將母親所養的金魚貝多芬帶回家中，而弟弟卻只顧跟男友春風得意。原本事事不如意的菲利普（論文沒過、工作被辭退），在一次意外場合碰到來訪的蘇聯太空人，最後導致他接到來自莫斯科的邀請，請他前往發表論文。菲利普要求弟弟於他不在時，能替他照顧金魚。沒想到鐵幕之行是菲利普睡過頭，錯過會議。魁北克的弟弟在接到國際電話的同時，發現因為他的疏忽，金魚已經被凍死。最後兩人在電話中互吐積怨，卻也因此和解，因為他們發現彼此是最後的親人。

《在月球的彼端》在鬆散的敘事結構中，穿插著一些有趣的軼事橋段，例如菲利普參加向外星人介紹地球的家庭錄影帶拍攝競賽（他最後獲獎）；或片尾，在機場的菲利普忽然飛了起來，飄向月球等超現實鏡頭，更增添了此片的喜劇意味。

這部片跟《告解室》一樣，也處理了兄弟感情的問題，在接受加拿大新聞社（Canadian Press）採訪時，他說：「我試著讓我的版本不要太超過。你不能隨意將個人過往就這麼拿出來，然後貼到銀幕或劇本上。你必須轉化它。這種事如果做太多，是相當冒險的。你可以顯露你的靈魂，但不是它的細節。」（2003.7.4）

勒帕吉說這部片給他帶來多歡樂，在剪接室時，他發現得用「他」來講自己，讓他感觸良多，他說道：「你變得非常疏離。作為一位演員，通

常你拿到相關素材後，會研究看看你能幹什麼，如何用你的演技來延伸這些材料。但在這種情形下，你觀察自己，會發現自己在某些情形下，並不如想像的那麼好，又在某些情況下，其實你也不是自以爲的那麼壞。」

因爲勒帕吉個人優異表現，《在月球的彼端》2003年獲得金尼獎最佳影片、導演、男主角、改編劇本等四項提名，並獲最佳改編劇本獎。關於改編劇本，勒帕吉說：「我必須說這個改編比以往都更加容易，導演並不需要跟演員或編劇抗爭，因爲他們都是同一個人。」

結論｜劇場與電影的互爲媒介性

除了擔任導演之外，勒帕吉也在不少影片中擔任演員，包括以《老爸的單程車票》榮獲2003年奧斯卡最佳外片的阿坎德（Denys Arcand）的《蒙特婁的耶穌》（Jesus of Montreal, 1989）與《明星界》（Stardom, 2000）、勒帕吉劇場同名作品改編的《地殼板塊》（Tectonic Plates, 1992，導演不是他，但他在片中擔任主角）、2007年台北電影節中放映的《看不見的城市》（Dans les villes, 2006）等知名作品。

對於如何指導電影演員演戲，勒帕吉說：「我不會花太多時間去跟演員討論角色的心理狀態，或是告訴演員該如何演。我相信他們的智力，如果你跟好演員工作的話……我試著幫助他們一起說故事，讓他們覺得有趣，接下來他們自然就會知道該如何做。」（轉引自Dundjerovic, 2003:151）

勒帕吉的電影作品離不開他的劇場作品，不只是內容，在手法上也互有影響。不論是將個人經歷轉化昇華爲劇情內容，集體創作的手法，多重敘事的開放性，都讓他的電影跟一般好萊塢作品大相逕庭。即使他最擅長的影像拼貼，那種在不同事物間見到相同外型的剪接方式（如電影版《在月球的彼端》將疊起來的水壺跟火箭剪接在一起），其實跟在劇場演出中，將一個物件在不同脈絡下當作不同東西技巧（如舞台劇版《在月球的彼端》

將燙衣版當推車又當手術床使用），也有類似之處。

　　如今我們在《安徒生計畫》中，則發現他劇場越來越接近電影。在勒帕吉的電影與劇場之間，有一種互為媒介性存在（intermediality）。作為一位現代達文西，勒帕吉穿梭於不同表現媒體的好處，或許就如加拿大媒體大師麥克魯漢（Marshall McLuhan）說的：「在不同領域的藝術家們，他們總是那些首先發現如何使一種媒體去利用或是釋放出另一種媒體的人。」（McLuhan 1964:54）

主要參考書目

1.　Donohoe, Joseph I. & Koustas, Jane M.(eds) (2000), Theater sans Frontière: Essays on the Dramatic Universe of Robert Lepage. Michigan: Michigan State University Press.
2.　Dunfjerovic, Aleksandar (2003), The Cinema of Robert Lepage: The Poetics of Memory .London: Wallflower Press.
3.　MacKenzie, Scott (2004), Screening Québec: Québécois Moving Images, National Identity, and the Public Sphere. Manchester: Manchester University Press.
4.　McLuhan, Marshall (1964), Understanding Media: The Extensions of Man. London: Routledge.

羅伯‧勒帕吉創作年表

1978 ●魁北克戲劇藝術學校（Conservatoire d'Art Dramatique de Québec）畢業。參加柯奈普（Alain Knapp）在巴黎的工作坊三週。與弗雷謝特（Richard Fréchette）成立「嗯…」劇團（Théâtre Hummm…）。

1979 ●《日常攻擊》（L'attaque quotidienne）由勒帕吉與弗雷謝特合寫，「嗯…」劇團製作。在魁北克市錫酒吧（Le Bar Zinc）首演。

●與弗雷謝特合導劇作家卡羅‧高多尼（Carlo Goldoni 1707-1793）作品《一僕二主》（Arlequin, serviteur de deux maîtres），在Collège Lévis-Lauzon演出，榮獲得紅盃學生戲劇節（Cap-Rouge Student Theatre Festival）首獎。

●執導《動物農莊》（La ferme des animaux），由勒帕吉和Paule Fillion、Machéle Laperriére、Suzanne Poliquin改編自喬治‧歐威爾同名小說，「嗯…」劇團製作。魁北克市法蘭索瓦－夏鴻中心（Centre François-Charron）首演，並應邀參加魁北克青年劇場聯盟戲劇節（Festival de l'Association Québécoise de Jeune Théâtre）。

1980 ●《星期六晚上的計程車》（Saturday Night Taxi），拉楓丹（Francine Lafontaine）和勒帕吉、弗雷謝特的集體創作，「嗯…」劇團製作。法蘭索瓦－夏鴻中心首演。1981年春天在Le Hobbit咖啡劇場重演。

●執導塔斯（Jean Truss）劇作《Oomeragh ooh！》，魁北克市的大劇院偶戲團（Marionnettes du Grand Théâtre）製作，魁北克市大劇院首演。

●導演《學校，這是中學而已》（L'école, c'est secondaire），伯納德

（Denis Bernard）、那迪奧（Michel Nadeau）、伯羅宏（Camil Bergeron）之集體創作，勒佩爾劇團（Théâtre Repère）製作，巡迴大魁北克市高中演出。

1981　●執導《十個小黑人》（Dix petits nègres），改編自阿嘉莎‧克莉絲蒂偵探小說。在Collège Lévis-Lauzon演出。

　　　●執導《公雞》（Le coq），改編自Albert Uderzo與René Goscinny的《不和》（La zizanie）。由魁北克Sainte-Marie-de-Beauce市的Méchatigan劇團製作。

　　　●演出《Les Américanoïaques》，Rezvani編劇，Gaston Hubert導演，魁北克市拉波底厄劇院（Théâtre de la Bordée）製作及演出。

　　　●執導《下雨天》（Jour de pluie），Gérard Bibeau編劇，大劇院偶戲團製作。

1982　●執導《鳩佔鵲巢》（Pas d'chicane dans ma cabane），米謝‧貝赫納切茲（Michel Bernatchez）、Odile Pelletier、Marco Poulin的集體創作。魁北克市的好心情劇團（Théâtre d'Bon'Humeur）製作。法蘭索瓦—夏鴻中心首演。

　　　●與弗雷謝特加入勒佩爾劇團。

　　　●執導Luc Simard《Claudico bric-à-brac》的其中一場，大劇院偶戲團製作。魁北克大劇院首演。

　　　●導演《等待》（En attendant），為弗雷謝特、勒帕吉，與賈克‧雷薩（Jacques Lessard）之集體創作。勒佩爾劇團製作。首演於Le Hobbit咖啡劇場。

　　　●執導《國王吃了》（Les rois mangent），與好心情劇團之集體創作。首演於法蘭索瓦—夏鴻中心，也在拉波底厄劇院上演。

　　　●執導《半個月亮》（À demi-lune），勒帕吉與瓊妮‧波達（Johnne

Bolduc)、艾絲特拉・杜提（Estelle Dutil）之集體創作，勒佩爾劇團製作。首演於里拜斯（Lévis）的 l'Anglicane。

1983　● 執導《上帝與戀愛情結》（Dieu et l'amour complexe），伍迪艾倫的文本拼貼，在魁北克戲劇藝術學校演出。

　　● 執導《科里奧蘭納斯與千頭怪獸》（Coriolan et le monstre aux mille têtes），改編自莎士比亞劇本，由勒佩爾劇團製作。拉波底厄劇院首演。

　　● 執導《卡門》，改編自比才歌劇，好心情劇團製作。拉波底厄劇院首演。

　　● 安德烈・尚（André Jean）《飛鳥》（À vol d'oiseau）之操偶演員，Gérard Bibeau 執導，大劇院偶戲團製作。首演於魁北克大劇院。

　　● 開始《頂尖勒佩爾》（Top Repère）一系列的速寫、即興和行動表演，作為拉波底厄劇院每週一晚上節目的一部分。從1983到1984當季和1984年秋天，將近三十個創作者參與其中，勒帕吉是其中之一。

1984　● 執導《Solange passe》，Jocelyne Corbeil 和 Lucie Godbout 編劇。拉波底厄劇院製作及演出。

　　● 導演《循環》（Circulations），方斯華・波索雷（François Beausoleil）、伯納・邦尼爾（Bernard Bonnier）、莉絲・卡斯通格（Lise Castonguay）和勒帕吉之集體創作。勒佩爾劇團製作。拉波底厄劇院首演。巡迴 Rimouski、Chicoutimi、Jonquière、Lévis、魁北克市、蒙特婁、渥太華、多倫多、Sudbury、Winnipeg、Edmonton、Vancouver 等地。榮獲魁北克雙週國際劇場節（Quinzaine Internationale de Théâtre）首獎。

　　● 執導《五分鐘請準備》（Stand-by 5 minutes），Jean-Jacqui

Boutet、Louis-Georges Girard、Ginette Guay、Martine Ouellet、Marie St-Cyr的集體創作,拉波底厄劇院與雷奇諾瑟劇院(Théâtre de l'Equinoxe,Quebec City)聯合製作。拉波底厄劇院首演,下一季則於頗立比劇院(Théâtre Paul-Hébert)演出。

● 演出電視影集《巡迴法庭》(Court-circuit)系列,加拿大廣播電視台(Radio-Canada)製作。

● 贏得歐姬芙獎(O'Keefe Trophy),這是給最受歡迎演員的獎項,以及國立即興表演聯盟(Ligue Nationale d'Improvisation)的皮耶卡茲獎(Pierre-Curzi Trophy)年度新人。

1985 ● 執導《哭泣的年輕女子》(À propos de la demoiselle qui pleurait),安德烈・尚編劇,勒佩爾劇團製作。在魁北克賽珠國際中心(Center International de Séjour de Québec)首演。新版則在1986年1月魁北克市三叉戟劇院(Théâtre du Trident)演出。

● 自編自導自演《如何看待決裂點》(Comment regarder le point de fuite),獨角戲,勒佩爾劇團製作。首演於the Implanthéâtre,勒帕吉在該劇第一部分的多媒體秀中表演。

● 執導《抽屜故事》(Histoires sorties du tiroir),Gérard Bibeau編劇,大劇院偶戲團製作。魁北克大劇院首演。

● 執導《Coup de poudre》,Josée Deschênes、Martin Dion、Simon Fortin、Benoît Gouin、Hélène Leclerc集體創作,魁北克市的Théâtre Artéfact與Parks Canada製作。首演於Parc de l'Artillerie de Québec。

● 在《警察喜劇》(Comédie policière)中一人飾八角(四個男人四個女人),由Javier Arroyuelo和Rafael Lopez-Sanchez編寫,Matieu Gaumond導演,Théâtre du Vieux-Québec製作。the Implanthéâtre

首演。

● 執導《加州套房》（California Suite），Théâtre du Bois de Coulonge（Sillery）製作。Théâtre du Vieux Port de Québec首演。

● 導演《龍之三部曲》（The Dragons' Trilogy），瑪莉·巴薩（Marie Brassard）、卡索（Jean Casault）、珂特（Lorraine Côté）、姬格娜（Marie Gignac）、勒帕吉，和米夏（Marie Michaud）編寫。第一、第二階段由勒佩爾劇團製作，第三階段由美國戲劇節（Festival de Théâtre des Amériques）製作。第一階段首演於1985年9月魁北克市Implanthéâtre劇院。第二階段首演於1986年5月Implanthéâtre劇院。第三階段首演於1987年6月蒙特婁美國戲劇節。1986-91年間巡迴多倫多（兩次）、蒙特婁（三次）、渥太華、魁北克（兩次）和Winnipeg、紐約、芝加哥、波士頓、Knoxville（田納西州）、洛杉磯、Helena（蒙大拿州）、倫敦（兩次）、Galway（愛爾蘭）、阿德雷德（澳洲）、里摩日（法國）、布魯塞爾、Wroclaw、Czestochowa（波蘭）、巴黎、阿姆斯特丹、漢堡、巴塞隆納、墨西哥市、格拉斯哥、巴塞爾（瑞士）、哥本哈根、米蘭。贏得la Fondation du Trident最佳導演獎（1986），美國戲劇節大獎（1987），魁北克劇評協會年度最佳表演獎（1987），渥太華評論圈年度最佳表演（1987），La Presse's年度公共最佳表演（1988），Gran Festival de la Ciudad de Mexico年度最佳製作（1989），被Chicago Tribune選爲當年十大最佳表演之一（1990）。

1986 ● 自編、自導、自演《文西》（Vinci），獨角戲，蒙特婁三便士劇院（Théâtre de Quat'Sous）與勒佩爾劇團聯合製作。巡迴蒙特婁、魁北克市、Chicoutimi、Trois-Rivières、Sherbrooke、Rivière-du-Loup、Rimouski、渥太華、Laval、La Pocatière、Baie-Comeau、

Granby、Drummondville、Rouyn、Val d'Or、多倫多、Calgary、巴黎、亞維儂、里摩日、Rennes、倫敦、尼庸。榮獲魁北克劇評協會年度最佳製作獎（1986），尼庸藝術節（Festival de Nyon）最佳製作（1987），外亞維儂藝術節Prix Coup de Pouce（1987）。

● 與Michel Nadeau合導《極端邊緣》（Le bord extrême），改編自英格瑪・柏格曼電影《第七封印》，勒佩爾劇團製作，the Implanthéâtre首演。

● 執導《如何在三天內變得完美》（Comment être parfait en trios jours），Gilles Gauthier改編自Stephen Manes《三天內做個完美的人》，魁北克市des Confettis劇團製作。在the Implanthéâtre首演，1986年開始巡迴演出超過500場。

● 與賈克・雷薩共同成為勒佩爾劇團藝術總監（直到1989年）。

● 執導喜劇《血之一族》（Le Groupe Sanguin）的其中一場：《笑點I》（Prise I），蒙特婁Groupe Sanguin製作。巡迴魁北克省。

● 榮獲魁北克文化協會（Conseil de la Culture de Québec）創作獎。

1987 ● 導演《測謊器》（Polygraph），由勒帕吉和瑪莉・巴薩編創，由勒佩爾劇團、文化產業公司與倫敦Almeida劇院共同製作。the Implanthéâtre首演。巡迴蒙特婁、魁北克市、多倫多、紐約、倫敦、阿姆斯特丹、紐倫堡、Maubeuge、巴塞隆納、德國漢堡、渥太華、比利時、尼德蘭、蘇格蘭、法國、香港……，日本版於1996年在東京製作。榮獲多倫多查莫（Chalmers' Award）最佳加拿大戲劇獎（1991），倫敦《Time Out》雜誌最佳製作獎（1989）。

● 執導《夜半賽壬》（En pleine nuit une sirène），勒帕吉與賈克・吉納德（Jacques Girard）編劇，迪拉波底劇院製作及首演。

● 為集體創作《跳舞嗎》（Danses-tu?）設計燈光，由魁北克市

Théâtre Niveau Parking製作。Aprés-Onze酒吧首演，the Im-
planthéâtre續演。

● 執導《終極卡門》（Pour en finir une fois pour toutes avec Carmen），
大量改編比才歌劇，蒙特婁三便士劇院製作。1988年魁北克市加拿大
人協會（the Institut Canadien in Quebec City）重新製作。

● 演出加拿大廣播電視公司《偉大精神》（Les Grands Esprits）中，
尼祿（Nero）一角。

● 榮獲地下鐵之星獎（Prix Metro-Star），這是頒給海外最成功的魁
北克藝術家之獎。

1988 ● 導演《地殼板塊》（Tectonic Plates），由勒佩爾劇團與文化產業公
司、1990年歐洲文化城市格拉斯哥（Glasgow 1990）、美國戲劇節
（Festival de Théâtre des Amériques）、第四頻道電視台、國立皇家劇
院（Royal National Theatre）聯合製作。首演於多倫多 Du Maurier
世界舞台藝術節。巡迴蒙特婁、魁北克市、多倫多、倫敦、格拉斯
哥。

● 導演《仲夏夜之夢》（Songe d'une nuit d'été），莎士比亞原著，蒙
特婁新世界劇院演出。榮獲 Prix Gascon-Roux最佳導演（1988），並
創新世界劇院票房紀錄新高。

● 替魁北克商業聯盟（Syndicat de la fonction publique du Québec）
導演商業廣告，贏得蒙特婁廣告俱樂部（the Publicité Club de
Montréal）最佳製作獎。

● 替 Loto-Québec導演商業廣告。

● 在阿坎德（Denys Arcand）執導的著名電影《蒙特婁的耶穌》
（Jesus of Montreal）中飾演定耶穌死刑的羅馬總督般雀比拉多
（Pontius Pilate）。

● 榮獲Gémeaux最佳電視演出獎，於國立即興表演聯盟演出《即興之夜》（La soirée de l'impro）。

1989　● 被任命爲渥太華國家藝術中心的法語劇場（National Arts Centre's French Theatre）藝術總監，他在此任職至1993年。離開勒佩爾劇團。

● 執導《伽利略的一生》（La vie de Galiée），布萊希特（Bertolt Brecht）劇本，蒙特婁新世界劇院製作及首演。榮獲Prix Gascon-Roux最佳導演（1989）。再度刷新蒙特婁新世界劇院（TNM）票房紀錄。

● 雙語版《羅密歐與茱麗葉》之聯合導演，由勒佩爾劇團與Night Cap製作公司（Saskatoon）聯合製作。首演於Saskatoon，巡迴史特拉福、渥太華、多倫多、Sudbury。

● 執導《迴響》（Echo），改編自Ann Diamond《修女日記》，蒙特婁1774劇團和多倫多Passe-Muraille劇團製作。首演於蒙特婁Saydie Bronfman Centre，1990在多倫多重演。

● 執導布萊希特名劇《勇氣媽媽和她的孩子們》，在魁北克市戲劇藝術學校（Conservatoire d'Art Dramatique de Quebec）演出。

● 和蒙特婁Ma Chère Pauline製作公司合作Sylvie Provost劇作《C'est ce soir qu'on saoûle Sophie Saucier》。

1990　● 執導迪倫馬特（Friedrich Dürenmatt）的劇作《老婦還鄉》（La Visite de la Vieille Dame），渥太華國家藝術中心製作，魁北克亞貝胡瑟廳（Salle Albert Rousseau）重演。

1991　● 自編、自導、自演《針頭與鴉片》（Needles and Opium），獨角戲，d'Albert劇團（魁北克市）、國家藝術中心、AJP製作公司（蒙特婁）製作。首演於魁北克市Montcalm宮，巡迴蒙特婁、渥太華、紐

約、法蘭克福、慕尼黑、漢堡、倫敦、佛羅倫斯、巴塞隆納、巴黎、斯德哥爾摩——最後一次勒帕吉親自主演在1994年9月18日斯德哥爾摩，之後換由Marc Labrèche擔綱——繼續巡迴Basle、Hasselt、Arnhem、Leiden、Chalon-sur-Saône、Rungis、Chicoutimi、Amos、Baie-Comeau、蒙特婁、溫哥華、蘇黎世、格拉斯哥、Roanne、Saint-Etienne、Chambéry、Valence、Privas、Meylan、Villeurbanne、名古屋、Gatineau、聖路易斯……。榮獲查爾默思獎（Chalmers' Award）的最佳加拿大劇本（1995）。義大利Segriali製作的新版，由阿根廷知名演員Nestor Saied主演，1997年秋天巡迴西班牙和義大利。

● 執導《Los Cincos Soles》，蒙特婁國立戲劇學校畢業生的學院製作。在國立藝術中心演出。

1992 ● 執導《Alanienouidet》，勒帕吉和瑪莉安妮·艾克曼（Marianne Ackerman）編創，國家藝術中心演出。魁北克市卡拉芙（Carrefour）國際劇院重演。

● 執導莎翁名劇《暴風雨》，於國家藝術中心工作室演出，作為ARTO（Atelier de Recherche Théâtrale de l'Outaouais）節目之一。

● 執導《馬克白》，莎翁名劇。多倫多大學演出。

● 執導巴爾托克（Béla Bartók）歌劇《藍鬍子城堡》、荀白克（Arnold Schoenberg）《等待》（Ewartung），由加拿大歌劇團（Canadian Opera Company, Toronto）與布魯克林音樂學院（紐約）聯合製作。巡迴愛丁堡、紐約、墨爾本。在多倫多、日內瓦、耶路撒冷重演。贏得愛丁堡國際評論獎（1993）和蘇格蘭人Hmada藝術節獎（1993）。

● 執導莎士比亞《仲夏夜之夢》，由倫敦國立皇家劇院製作。勒帕吉

為該劇院首位導演莎翁劇的加拿大人。

● 題為《從魁北克來的無名氏是誰？》（Who's that nobody from Quebec?）關於勒帕吉的紀錄片，由倫敦Hauer Rawlence和大英國廣播公司（BBC）製作。

● 導演莎士比亞連演（《科利奧蘭納斯》，《馬克白》，《暴風雨》），米謝‧加赫諾（Michel Garneau）翻譯，由勒佩爾劇團、Manège劇團（法國莫布日）、Am Turm劇團（法蘭克福），和巴黎秋天藝術節（Festival d'Automne）聯合製作。首演於莫布日。1992至1994之間巡迴巴黎、法蘭克福、蘇黎世、巴塞爾、阿姆斯特丹、雪儂梭、漢堡、諾丁漢（克利歐拉諾）、蒙特婁、東京、魁北克市。

● 在Patricia Rozemz導演的喜劇《Desperanto》又名《讓想睡的女孩躺下》（Let Sleeping Girls Lie）中飾演他自己。Cinémaginaire劇團（蒙特婁）、亞特蘭提斯影片（多倫多）、加拿大國家影片委員會聯合製作。

● 在電影《Ding et Dong》中演出，由Alain Chartrand導演，Max影片公司製作。

1993 ● 導演及設計彼得‧蓋布瑞爾（Peter Gabriel）的「Secret World Tour」世界巡迴演唱，由英國的真實世界巡迴公司（Real World Tours Ltd）製作。1993年巡迴超過一百場演出、十九個國家（瑞典、挪威、德國、瑞士、法國、比利時、荷蘭、西班牙、義大利、英國、愛爾蘭、美國、加拿大、土耳其、墨西哥、智利、阿根廷、巴西、委內瑞拉）。1994年（用部分舞台設計）在十五個國家演出三十九場（印度、澳洲、日本、香港、德國、埃及、以色列、斯洛伐尼亞、奧地利、挪威、丹麥、比利時、荷蘭、瑞士、美國）。

● 導演《National Capitale Nationale》，Vivienne Laxdal 與Jean-Marc

Dalpé編劇，國立藝術中心製作。首演於國立藝術中心工作室。

● 導演《莎士比亞的快速眼動》（Shakespeare's Rapid Eyes Movement），莎士比亞作品關於夢的文本拼貼而成，由慕尼黑的巴伐利亞國家劇院（Bayerisches Staatsschauspielhaus）製作及演出。

● 於東京環球劇場導演日語版《馬克白》和《暴風雨》。

1994　● 創立位於魁北克市的多媒體製作劇團「機器神」（Ex Machina），擔任藝術總監。

● 拍攝《告解室》（The Confessional）電影，於魁北克和蒙特婁拍攝，巴黎剪接，由蒙特婁Cinémaginaire、倫敦Enigma電影公司、法國Cinéa製作。

● 導演《太田川的七條支流》（The Seven Streams of the River Ota）第一階段，伯尼葉（Eric Bernier）、比索涅（Normand Bissonnette）、布蘭肯詩（Rebecca Blankenship）、卡蒂歐（Anne-Marie Cadieux）、丹紐（Normand Daneau）、弗雷謝特、姬格娜、勒帕吉、文生（Ghislaine Vincent）之集體創作。製作單位包括機器神（魁北克）、愛丁堡國際藝術節與倫敦文化產業公司、曼徹斯特城市劇團、維也納藝術節、Créteil藝術之家、草地邊小河劇團Beck's at Meadowbank（愛丁堡）、電車軌距圈Tramway（格拉斯哥）、上坎菲爾德市場劇團（曼徹斯特）、河邊劇團（倫敦）。首演於1994年8月愛丁堡國際藝術節，巡迴格拉斯哥、曼徹斯特、倫敦、巴黎。

● 導演史特林堡《夢幻劇》，斯德哥爾摩瑞典皇家劇院（Kungliga Dramatiska Teatern）製作及演出。1995年春重演於格拉斯哥。

● 導演尼曼（Michael Nyman）改編自莎士比亞《暴風雨》的歌劇《噪音、聲音和甜空氣》（Noises, Sounds and Sweet Airs），東京環球劇場與東京新神戶東方劇場共同製作。

● 榮獲國立藝術中心頒發之總督表演藝術獎（Governor-General's Award for the Performing Arts）。

1995 ●《告解室》首映於坎城影展「Quinzaine des Réalisateurs」單元，Cinémaginaire製作。多倫多國際電影節開幕片，並在溫哥華、那慕爾（瓦倫尼亞）、布魯瓦（法國）、倫敦、伊斯坦堡、蒙特婁（Rendez-vous du Cinéma Québecois）等國際影展上受到注目。榮獲Rogers最佳加拿大螢幕劇作獎（多倫多，1995），Prix de la meilleure contri-bution artistique（那慕爾，1995），金尼獎（Genie Awards）最佳電影、最佳導演、最佳藝術指導，Prix Claud-Jutra最佳處女作影片（蒙特婁，1995），伊斯坦堡國際評論獎（1996），金球獎和影藝學院獎被選爲加拿大代表片。

● 獲頒加拿大勳章（the Order of Canada）。

● 獲頒法語國家聯合議會頒發七星詩社勳章（the Ordre of de la Pléiade）。

● 導演《太田川的七條支流》第二階段，由伯尼葉、比索涅、布蘭肯詩、巴薩、卡蒂歐、丹紐、弗雷謝特、姬格娜、哥雅（Patrick Goyette）、勒帕吉、文生之集體創作。二月和四月在魁北克公開彩排，六月在維也納藝術節（Wiener Festwochen）首演。製作單位包括機器神、倫敦的文化產業公司、愛丁堡國際藝術節、1994曼徹斯特戲劇年、維也納藝術節、Créteil藝術之家等單位。巡迴維也納、Braunschweig（德國）、Spoleto（義大利）、巴塞隆納、蘇黎世、Aarhus（丹麥）、東京、多倫多、漢堡。

● 自編自導自演《愛爾西諾》（Elsinore），獨角戲，取材自莎士比亞《哈姆雷特》，羅伯·科（Robert Caux）擔任音樂及聲音設計，製作單位包括機器神、蒙特婁當代美術館、魁北克Sherbrooke大學藝術

中心、倫敦文化產業公司、Créteil藝術之家、愛丁堡國際藝術節、柏林哈伯劇院、鹿特丹舒芬堡劇院等單位。1995年9月於蒙特婁首演，巡迴蒙特婁、魁北克市、Sherbrooke、芝加哥、漢堡、鹿特丹、奧斯陸、多倫多、柏林、布魯塞爾、漢堡、新堡、格拉斯哥、劍橋、倫敦……等城市。

●導演莎士比亞《仲夏夜之夢》，胥納（Normand Chaurette）翻譯，魁北克市三叉戟劇院製作，魁北克大劇院首演，創新票房紀錄。

1996 ●導演《太田川的七條支流》第三階段，於魁北克市卡拉芙國際劇院首演。巡迴維也納、德勒斯登、哥本哈根、路德維希堡（德國）、倫敦、斯德哥爾摩、巴黎、紐約、芝加哥、蒙特婁……等。電視版（七集每集七分鐘）由魁北克導演雷克雷赫克（Francis Leclerc）執導，終極影像公司（Extremis Images）製作。於1997年6月在蒙特婁新電影與新媒體藝術節首映。

●拍攝電影《測謊器》（Polygraph），改編自勒帕吉同名舞台劇，勒帕吉和瑪莉·巴薩、米謝·貝赫納切茲所編。由終極影像公司與Cinéa and Road Movies公司共同製作。1996年秋天上映。

1997 ●位於魁北克市的多媒體製作中心「消防站」（La Caserne）正式開幕，從1996起成為機器神的總部。

●計畫包括更新版莎士比亞《暴風雨》──由機器神和魁北克市三叉戟劇院和渥太華國立藝術中心聯合製作，1998年春季開始；馬勒歌曲《兒童的魔法號角》（Kindertotenlieder）舞台版，由機器神和英國文化產業公司製作，預備在1998年5月榔頭鐵匠詩歌節首演。

1998 ●《奇蹟幾何學》（Geometry of Miracle），是關於美國建築師萊特（Frank L. Wright）與第四道大師葛吉夫（George I. Gurdjieff）之生平事蹟的一部集體創作舞台劇。

●維拉（Ferdinando de Rojas）的《La Celestina》，機器神和瑞典皇家劇院製作，作爲歐洲文化城市的節目之一，1998年8月於斯德哥爾摩首演。

●取材自《太田川的七條支流》的電影《無能無不能》（Nô）上演。

1999 ●獲頒魁北克國家獎章（Officer l'Ordre National du Québec）。

●執導《祖魯時光》（Zulu Time）。

●白遼士音樂劇《浮士德的天譴》，與指揮家小澤征爾合作，於1999年9月齊藤音樂節演出。

2000 ●舞台劇《在月球的彼端》（Far Side of the Moon）首演。

●完成第一部英語電影《偷腦》（Possible Worlds）。

●在阿坎德電影《明星界》（Stardom）中演出。

2001 ●榮登加拿大名人星光大道（Canada's Walk of Fame）；入選多倫多舉辦的《世界領袖節》（World Leaders: A Festival of Creative Genius）。

●根據墨西哥超現實主義女畫家卡蘿（Fride Kahlo）生平改編的作品《藍色房屋》（La Casa Azul）於魁北克市首演，之後巡迴到西班牙及奧地利演出。

2002 ●再次與彼得·蓋布瑞爾合作，爲他全球巡迴演唱會Growing Up Tour擔任導演。

2003 ●在太陽馬戲團的邀約之下，執導耗資1.65億美金的拉斯維加斯年度大秀KÀ。

●推出第五部電影《在月球的彼端》，也是他第一次自編自導自演的影片。

●獲頒Prix Denise-Pelletier獎，是魁北克地區最高的戲劇藝術獎項。

●《龍之三部曲》於美國藝術節推出第十個版本；推出改編自同名

劇作的電影《在月球的彼端》，這是勒帕吉第一次在自己執導的電影中演出。

2004 ● 靈感來自《乞丐歌劇》的《街頭藝人歌劇》（The Busker's Opera），於蒙特婁焦點藝術節（Montréal High Lights Festival）首演。

● 3月10日瑞典宣布勒帕吉獲得安徒生獎（Hans Christian Andersen Prize）及五萬歐元。

2005 ●《安徒生計畫》於蒙特婁的三叉戟劇院劇院首演。

● 12月2日獲莫斯科頒發史坦尼斯拉夫斯基獎，表揚勒帕吉對世界劇場的貢獻。

● 執導改編自小說《1984》的同名歌劇，於倫敦皇家歌劇院演出。

● 參加電影《看不見的城市》（Dans les villes）的拍攝工作，在影片中飾演一位盲人；參與電影《L'Audition》的演出。

2006 ● 參與電影《La Belle Empoisonneuse》的演出，該片預計2007年9月1日上映。

2007 ● 勒帕吉最新作品《對嘴》（Lipsynch）2月於英國Newcastle首演，演出時間長達五個小時，據稱2008年的正式版將長九個小時。

● 獲頒歐洲劇場獎（Prix Europe），此獎由歐洲委員會（Conseil de l'Europe）所頒，是歐洲戲劇類的最高獎項。

● 執導斯特拉溫斯基歌劇《浪子的歷程》（The Rake's Progress），於舊金山歌劇院、里昂歌劇院、倫敦皇家歌劇院等地巡迴演出。

2010 ● 將擔任溫哥華冬季奧運的開幕演出導演。

● 將為紐約大都會歌劇院製作華格納的《尼貝龍指環》（Der Ring des Nibelungen），預計花三年的時間分別演出四部聯劇，到2012年時可全部製作完成，作為大都會歌劇院慶祝華格納誕生兩百週年的重頭戲，也有和德國拜魯特歌劇院一別苗頭之意。

羅伯‧勒帕吉 創作之翼

作者	荷米‧夏侯 Rémy Charest
譯者	林乃文
審稿	耿一偉
特約編輯	林文理
美術設計	A⁺DESIGN

董事長	陳郁秀
發行人	楊其文
社長	謝翠玉
總編輯	黎家齊
責任企劃	陳靜宜

發行所	國立中正文化中心
讀者服務	郭瓊霞
電話	02-33939874
傳眞	02-33939879
網址	http://www.ntch.edu.tw
E-Mail	parmag@mail.ntch.edu.tw
劃撥帳號	19854013 國立中正文化中心

印製	時報文化出版企業股份有限公司
出版日期	中華民國九十六年八月
ISBN	978-986-01-0400-4
統一編號	1009601927
定價	NT$450

內文所有圖片由Véro Boncompagni, Michael Cooper, Armando Gallo, Claudel Huot, François Lachapelle, Daniel Mallard, Emmanuel Valette, Bengt Wanselius, Marc Robitaille, Sophie Grenier, Philippe Bosse, Shumacher Design, Takashi Seida, Tilde De Tullio-Federico Brandini 拍攝

國家圖書館出版品預行編目資料

羅伯‧勒帕吉創作之翼／荷米‧夏侯（Remy
Charest）著；林乃文譯. -- 臺北市：中正文
化，民 96.08
　　面：　公分
　　譯自：Robert Lepage : connecting flights
　　ISBN 978-986-01-0400-4(精裝)
　　1.勒帕吉(Lepage, Robert)　2.訪談　3.戲劇
785.38　　　　　　　　　　96013739